会说话就是生产力

高岩 / 著

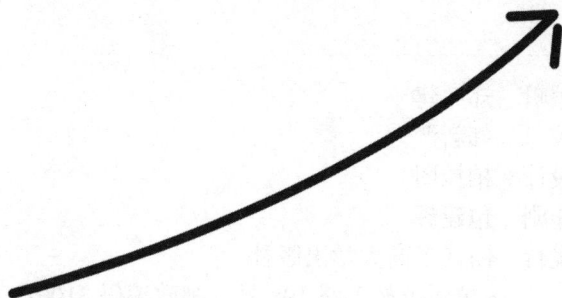

浙江工商大学出版社
ZHEJIANG GONGSHANG UNIVERSITY PRESS

· 杭州 ·

图书在版编目（CIP）数据

会说话就是生产力 / 高岩著 . —杭州：浙江工商
大学出版社，2022.9
ISBN 978-7-5178-3953-8

Ⅰ.①会… Ⅱ.①高… Ⅲ.①语言艺术—通俗读物
Ⅳ.① H019-49

中国版本图书馆 CIP 数据核字（2020）第 119148 号

会说话就是生产力
HUI SHUOHUA JIUSHI SHENGCHANLI

高岩　著

责任编辑　郑　建
责任校对　韩新严
封面设计　柏拉图
责任印刷　包建辉
出版发行　浙江工商大学出版社
　　　　　（杭州市教工路 198 号　邮政编码 310012）
　　　　　（E-mail：zjgsupress@163.com）
　　　　　（网址：http://www.zjgsupress.com）
　　　　　电话：0571-88904980　88831806（传真）
排　　版　冉冉
印　　刷　北京晨旭印刷厂
开　　本　787mm×1092mm　1/16
印　　张　13.5
字　　数　166 千
版 印 次　2022 年 9 月第 1 版　2022 年 9 月第 1 次印刷
书　　号　ISBN 978-7-5178-3953-8
定　　价　49.80 元

目录
Contents

第三章

提升形象，说话显气场

第四章

语言确切，说话现魅力

第八章

分清场合，说话懂分寸

第一章

百炼成钢，说话有力量

你在言谈话语中用什么去改变他人，影响他人的行动呢？

需要不断在说话中锻炼你的感知力，提炼你的表达力，淬炼你的说服力，磨炼你的行动力。

让自己的话语更有说服力、感染力，用自己的语言去影响他人、帮助他人。

你要相信，会说话就是生产力。

敢于说话

汉字博大精深，它告诉我们要会说话、敢说话。

"民"字一个口，"官"字两个口，"老板"（"板"的繁体字）三个口（闆）。"囚"字，就更有意思了。一个人要是无法突破这张"口"，就会被"口"包围、拘禁，你被封闭在小圈子里，失去自由。不开"口"就是沉默，就是封闭，哪有什么沉默是金，大多时候都是沉默是禁、沉默是忌。如果能突破、驾驭并超越这张"口"，那么你就是"名"人啦。

古老的汉字向我们展示的是先人的认知和思考。而如今我们在对说话的认知、修炼上，远远落后于先人。

《战国策》曾这样高度评价开口说话的作用："一言之辩，重于九鼎之宝；三寸之舌，强于百万之师。"

从这一点来看，怎么说话在我国古代是作为战略武器来研究的——敌人十万大军围城，孤城只有三千守城军兵，里无粮草外无救兵，如何退敌？只好派说客到敌营。舌战群雄、游说主帅、通晓利害，结果敌人在后半夜就退兵回国了。这样的说辞具有极强的战斗力，这样的说辞就是冷兵器时代的"国之重器"。

尽管说话具有重要作用，然而，中国人说话却过于含蓄，不够直接。

比如古代女性思念自己的丈夫，不能直说："打起黄莺儿，莫教枝上啼。啼时惊妾梦，不得到辽西。"（唐·金昌绪《春怨》）外国人大概不会理解。

你就要向他解释：妻子对黄莺儿的嗔怒本有因果——丈夫远赴东北，杳无音信，让人魂牵梦萦，梦中马上与丈夫相见，却被莺儿鸣啼声惊醒，于是乎敲打树枝，把黄莺儿赶走了。

所以，绕着说话总是缺少坦诚直白，进入主题较慢，也不能让对方及时领会你的意图。

大多数人会觉得，除了亲人以外的人，交往最忌交浅言深，要少说话，不谈论内心的想法，要"逢人只说三分话，未可全抛一片心"，就能避免自己被外界猜透。但事实是，你依然能够相当精确地说出，那些人正在想的是什么。"少说话"的习惯让我们在讲话发言时，犹犹豫豫、模模糊糊、遮遮掩掩，总是讲不深、说不透。

当然，这也包括对传统文化的曲解。《论语·里仁》所云"君子欲讷于言而敏于行"，醒示我们要慎言，唯恐说了做不到。慎言不是不说话、不表达，否则就叫作君子敏于行而"闭"于言。

不说话或者不习惯表达，让我们失去了许多锻炼讲话能力的机会。

一个家庭、一个组织的分裂大多经历了这样的过程：轻言轻语、甜言蜜语、只言片语、冷言冷语、不言不语。一个国家的积贫积弱和上下、内外言路不通也是有一定关系的。

言路堵本是思路堵，言路畅本是思路畅。

语言通，不是要嘴皮子，而是脑袋里面的本事。因为口才的精髓并不是通过"口"来实现"才"，而是起源于"思"！

"思"字的解读更有意思：十口心思！十张口、十句话，口口都在"心上"，句句源于"心思"。

职务级别、社会地位越高的人，遇到讲话的场合就越多，开口说话产生的影响力也就越大，就会影响到其他人。有时候，对于一位创始人、领袖，抑或具有强大影响力的人来说，无论其个人意愿如何，开口讲话是一种有效的领导方式。

任正非在回答安莎通讯社记者安东尼奥·法蒂古索提问时说：

"我不是一个不愿意多讲话的人。过去我在公司内部讲话非常多，因为我作为一个领导人，怎么领导？就是讲话。"[1]

所以，各位朋友，开口说话吧！用你的语言将你的思想表达出来，用你的话语去影响他人。你要明白，会说话就是生产力。

---

[1] 《被特朗普叫"邪恶王子" 任正非：你看我像不像魔王？》，https://www.guancha.cn/economy/2019_07_26_511030_4.shtml。

说话要靠思维

说什么想什么。说了什么话代表大脑"高级别员工"(思维意识)的活动和产出。

我们在"思"的方面最大的致命伤就是"懒",主要反映在说话内容的"高、大、全"等方面。

我们总希望用几句话概括所有的规律,而且是放之四海皆准的。比如,有人热衷于宏观层面的分析,爱指点江山、讨论国际(家)大事,在经理的岗位上可以指点总经理的得失;喜欢讲大道理,不求甚解、不求精细;追求全面性,忽略针对性;追求"是什么"和"为什么",忽略"怎么办"。

成年人说话,除了传递信息外,也影响着思维。

在掌握了大量可靠的信息、资料之后,说话者对其进行整理,可以更深、更精、更专地向他人传递信息,影响就变得容易了,产生的价值就会更加明显。

比如职场的领导者与下属之间,领导者往往是说话者,下属往往是听

（观）众；领导者称作"首脑"，下属称作"手下"。上下级之间，前者在"思"的方面有超越，因为领导者在信息、资料的掌握上，似乎比下属了解得更加全面。

上级领导者有了"思"的决策，通过"言"的指令，让下属实现"行"的过程，就是口才再现的过程。

通俗地讲，口才就是思维通过语言改变他人行为的才能。

当然，"思"的训练不止于"言"（说、讲），还可以通过"写"来实现。这就是为什么在义务教育阶段，写作文是孩子们成长的必修课。

说话制胜起于"思"。通过讲话影响他人，表面上看似乎是口才的战斗力，实际上是大脑的影响力、思维的生产力。

思维决定着讲话的质量，而成年人思维的提升和训练都是从讲话开始的。这就是说，人们每一次对讲话内容的设计、对讲话技巧的运用，都是一次提升自己思维的实践。

学会灵活讲述故事

很多人不大注重说话内容、说话技巧，以及自己在说话过程中所扮演的角色，他们的表达基本上就是照本宣科、朗读准确，而不去管听众的感受。

每当如此，聪明的听众也会用同样的方式来回馈说话之人，于是就有了这样的段子：

一家公司举办年会，董事长发表激情洋溢的演讲后，全场掌声雷动，唯有一名员工特立独行——既不报以赞许的微笑，也不鼓掌，其表现与热烈的场景格格不入。周围同事不解。

问："你怎么不鼓掌？"

答："我已申请辞职了……"

说得多好啊，已经申请辞职了，也就没必要再扮演被感动的听众了。这真是绝妙的讽刺！每当掌声响起来的时候，有多少演讲者清醒地认识到

（赞美）掌声并非事实。给你鼓掌的人，并不是因为你讲得精彩，或是出于礼貌，或是因为他归你管理，不得不对你容忍罢了。

因此，说话之人或者演讲者不要在讲话中迷失自我，需要灵活地选择放弃。说话之人或者演讲者永远是通过语言，影响他人、发挥他人的作用，达成自己的目标，而非陶醉于自我内容的表达，沉迷于自我风采的展现。需要记住，自己在听众面前是"不重要的"，相反，要通过自己讲话的力量去实现既定目标，这才是非常重要的。

演讲者永远是为听众服务的，要能够经常根据所处的场合与对象的不同，转变讲话内容和角色，成为一位随机应变者。

当众讲话的演讲者要学会变化，要根据场合和对象调整、变换自己。很多人会认为，这不过就像东施效颦一样滑稽可笑，如果总是根据场合变换自己，就会远离最本我的风格。

演讲者在讲话中采用灵活的处理方式，意味着他们牢牢把握住了故事（内容）的控制权，而不是一遍一遍地把故事（内容）告诉给听众，不会重新思考并分析它。

随着场合与对象不断地改变，也会让听众获得更大价值，产生同频共振的效果，让他们觉得演讲者更像一位领导者。

做感同身受的演讲者

演讲者要知道在什么场合下，面对的听众对象是谁，他们想知道什么。这是考验演讲者感同身受的能力，也是讲话的起点。

感同身受就是去感受、去理解，就是站在听众的立场思考。它意味着演讲者可以从听众的视角来看待和感受工作、生活。

凯文·霍根在《杠杆说服力》中告诉我们，这样的感知力往往来源于三种途境，即：自我经历、广泛交往、寻求认同并以此为乐。这需要演讲者更广泛地关注身边发生的事，对每件事都保持兴趣。这会让演讲者从多个层面上了解到，听众的工作和生活中发生了什么。

感同身受，在我们的文化中被称作"仁"。"仁"字从右往左看（古人阅读方式），是由"二"和"人"组成的，"仁"字就是两个人，一个是我，另一个是我心里装着的人（别人）。

当两个及以上的人在一起时，你就要考虑如何与他人相处，与他人相处就必须具备关怀性、友善性，要认识他人、在乎他人、理解他人、关怀他人，这需要你感知、领会他人当下的情绪，会让他人觉得与你交谈、交流很有帮助。同他人建立起密切的联系，是施加影响的基础。只有在这个基础上，交流中的观点和意见才会变得举足轻重，才会变得更有价值。

如果心里只装着自己，那就少了一个人，就是"二"。你"二"不是因为智力系统有障碍，而是因为神经系统遇到了麻烦，和麻木、迟钝相关联。麻木、迟钝就是身体的感知力丧失。

同理，如果你丧失了作为演讲者感同身受的能力，就会破坏听众对你产生的好感，割裂与听众的亲密联系，听众就不再喜欢你，这时你的建议变得无足轻重，没有人在乎你，你的影响力就自然被削弱了。

感同身受是通过讲话影响他人过程中最重要的因素。

感同身受不是削足适履的迎合，更不是委曲求全的适应，而是演讲者在发现听众的困惑点或压力时，承认并接受听众的困惑、压力。听众在此时会得到喘息的机会，得到暂时的舒适，接着他们不会抗拒演讲者，他们会需要演讲者引领他们进入所要讲解的内容，并在此扎根，从而收获满足。而演讲者因为一次成功的感同身受的传递，并为听众带来认同后的快乐，从而更愿意将自己感同身受的能力深入下去、继续下去。

总之，演讲者自身的经历决定了感同身受的广度，广泛而友好的交往提高了感同身受的频度，寻求认同增加了感同身受的深度。简而言之，演讲者很多时候都是运用感同身受来"度"人的。

限制性表达更体现水平

我曾经与一位叱咤商界的企业家一起录制电视节目。在现场，这位商界骄子的表现令人大跌眼镜——大汗淋漓、手颤腿抖，让人不忍直视。面对主持人的提问，该说的说不到位、该讲的讲不出来。散场后，他自言自语：这不是我的讲话水平啊？

身处熟悉和陌生的场合表达，哪个更能准确表现你的水平？

与高水平和低水平的听众博弈，哪个更能准确体现你的实力？

遭遇压力和宽松的环境考验，哪个更能准确显示你的底色？

往往在陌生的场合下，面对高水平的听众，分享不熟悉的内容，或者说在限制的条件下，才能真实地反映出演讲者的表达水平。

为了降低环境、对象、内容的干扰，很多聪明的演讲者，更喜欢分享他们长时间接触到的、更熟悉的内容和信息，因为那样他们不需要付出太多的努力和精力，而且这些内容会更安全、更稳妥。

今天海量的信息通过微信公众号、微博、抖音短视频等平台，争夺人们的注意力，霸占人们的时间。要激活别人想听你说的强烈愿望，就要抛弃那些雷同、乏味、空泛的内容。余秋雨在《观众心理美学》中谈到，"平庸之作，大多是创作者出于对听众的惰性预判"。

平庸外衣总是穿在懒惰者的身上，经常接触的业务、熟悉的内容，自然而然为演讲者提供了廉价的"舒适"和"安全感"。现在的我们，无论是竞聘履新，还是述职报告，都需要表达自己突破性的观点、主张、举措、方案，而且个性化的表达也越来越多。

成为一个优秀的说话者、有能力的演讲者、准确的表达者，和你能否创造新观点、新思想有一定的关系。这需要你在表达上不断寻找不足，从对自己不满意或是迷茫的地方开始，发现自己的期望和别人评价之间的差异，增加改善表达的紧迫感，在不放弃旧的角色或行为方式的前提下，增加新的尝试，特别是在对说话素材深入加工方面的体验。

建立一些新的外部人际交流关系。在多元化、跨领域的交往中带给自己新的启发，转化一些哪怕是微不足道的成果，以此来激励自己在表达上的持续改变。你要明白，限制性表达更能体现出一个人的水平。

说服听众进入你的世界

　　演讲者说服他人接受主张，要注重演讲现场的反馈。为什么演讲者在没有听众的录影棚里演讲，说服力总是很差？这是因为在录影棚里演讲时，只有演讲者自己，他无法及时查收外界对自己演讲状况的反应，也就无法迅速地找到自己存在的问题。背稿子的演讲没有即时反馈，很难让人信服，会影响演讲的效果。

　　听众的反应是基于演讲者前面的表达内容产生的，当这个反应送达演讲者之后，演讲者随后的表达内容是要进行自我调节的。这样一来一往，这种自我调节不断地在演讲者与听众的递接中进行。

　　因为面对听众，演讲者既要顾及自己的演讲内容，又要顾及听众反应，根据听众的反应不断调整，接着把听众带往演讲者为他们营建的现实之中。

　　比如，你在演讲中遇到了一位听众，他和你在现场交流互动中，讲了一件令他开心的小事。在这种状态下，他会把你和他的开心情绪联系起来，从而提高兴致，有积极的反馈。当他讲完之后，你可以和他分享一个发生在你身上的类似的故事，但是这个故事不应该比他的故事更让人印象深刻。不要"胜过"对方是非常重要的，你的目的只是让对方产生认同。

说服他人就像见菜吃饭，完全取决于听众在演讲现场的参与兴致，有食欲的菜饭令人胃口大开，大快朵颐，进而消化、吸收，所以听众感兴趣的内容要展开讲，深入浅出；没食欲的菜饭，即使营养再丰富，也令人食不下咽，消化、吸收更无从谈起了，所以听众厌烦的内容要压缩讲，蜻蜓点水即可。

在演讲有限的时间内，说服他人是个循序渐进的过程，不能期待所有的听众都会被说服。只要听众的信念、思想在听了你的演讲之后产生了一些变化，就是你的影响力在发挥作用。

让听众行动起来，你的说话才有效果

要想让听众按照演讲者的主张去行动，演讲者要让听众意识到，演讲内容对他们而言是有意义的。

古往今来所有说客成功的关键在于，要让"对手"认识到付出这样的行动，对自己会有什么样的裨益，而且其他人也会做出相同的行为选择。

人们通常会模仿周围人的，或有益于自己的行为举止。当听到、看到别人做出与自己相同或相似的事情，这会在彼此间传递一种亲近或紧密联系的感觉，从而增强人们的好感，让彼此接下来的行动更加愉快。

唤起听众崇高的情感，给予行动意义。心理学家维克多·弗兰克曾把意义描述为驱动听众的最基本动力。曾经在一系列有关"意义"的试验中，被试者被要求完成一些简单不需要动脑的任务。

一方面，只要有人在旁边观看他们的操作过程，被试者就能更长时间地做不需要动脑的机械工作，哪怕所获得的经济报酬很少。

另一方面，如果人们能够证明某项任务是由自己完成的，比方说，把他们的名字写在一张纸上，他们就会做得更好。

演讲者应擅长于向听众暗示他们为了组织、家庭、他人付出的行动意义重大，这样就能和听众内心渴望的意义部分建立关系。

事实上，听众需要知道自己的行动是有意义的。

第二章

直面怯场，说话不紧张

当众说话怯场紧张是常态，无论是新手，还是经验丰富的高手，面对陌生、未知的对象和环境都难免会紧张。

实际上，紧张、怯场与激情、精彩本是同根同源。紧张能产生激情，怯场能孕育精彩。人在紧张时，注意力高度集中，爆发力迅速提升，为急中生智创造了条件，能够爆发出人意料的巨大能量。

因此，经验丰富的演讲者经常有这样的体验：适度的紧张往往能带来更多的激情与精彩。

讲话怯场的现实解析

我们每个人在日常生活中，比如在竞选、辩论，甚至与陌生人交谈时，都可能会怯场。现代汉语词典（第 7 版）是这样解释怯场的："在人多的场面上发言、表演等，因紧张害怕而神态举动不自然。"这一解释也点明了可能产生怯场的场景和引起怯场的原因。

美国学界曾做过的一项调查，也印证了这一点：45% 的被试者对当众讲话会产生恐慌、害怕、焦虑。演讲者在走上演讲台之前，想到即将面对听众，都可能会怯场，而紧张的情绪会让他们产生逃离现场的冲动。

当然，当"众"讲话也有不紧张的时候。尤其是"众"里有下属、孩子和熟人的时候，特别是当"我"对"众"保持优势的时候。

领导给下属员工讲话之所以不怯场，是因为上级领导掌握着权力和信息量的"势能差"。成人给孩子做演讲不紧张，是因为成人在认知深度和视野宽度方面超越了孩子。在熟悉的环境下，谈熟悉的内容不发愁，也是因为熟悉、熟练为我们带来了心理优势。反过来也可以解释员工给领导做演讲会紧张以及我们为陌生人、高人做演讲会紧张的原因。

那么，"怯"究竟为何物，直教人怕得想要逃避呢？

紧张怯场是身体在特定环境应激状态下的生理反应，包括人类在内的所有哺乳动物在遭遇生存威胁时，都会做出准备搏斗或逃跑的自然反应。这样的应激状态会使肾上腺素激增，流入肌肉里的血液增多。演讲者紧张时就会有心率加快、呼吸急促、大量出汗、肌肉紧绷、身体颤抖以及动脉收缩使得流入手足的血液减少等表现。

紧张怯场作为人体正常的生理反应并不可怕，可怕的是由此虚构出的"危险"。如"讲砸了他们会笑话我""我浑身发抖""我快失控了"等反应。

一旦认为自己正面对这些"危险"时，那么就不可避免地加重了自己的恐惧，进而让身体的反应更糟糕，陷入难以自拔的恶性循环之中。

美国心理治疗专家埃德蒙·伯恩博士曾经一针见血地阐述了怯场的身体症状与危险念头的关联：怯场发作的人，一旦发现有点儿不寻常的、轻微的身体不适，就会过度反应，往坏处想。

演讲者紧张怯场的发作，总是会经历轻微不适、暗示夸大、危险解释、惊恐爆发的过程（见图 2-1）。

| 1 轻微不适 | 2 暗示夸大 | 3 危险解释 | 4 惊恐爆发 |

图 2-1　演讲者怯场的过程

轻微不适。这是临场前一般性压力引发的最初身体不适，如心悸、气短、眩晕等。

暗示夸大。这是你过于在意身体内的状况,越来越倾向于把此前的不适症状放大的一种表现。

危险解释。你开始将身体症状和危险性的念头建立错误的联系,并明确告诉自己这些症状很危险。

惊恐爆发。身体在惊恐中做出强烈反应,你误认为完全失去对身体的控制,极力地想逃离讲台。

那么,我们该如何控制怯场呢?

针对紧张怯场发作的过程,我们可以采取一些措施,运用一些方法(见图2-2),打通某个环节,最终避免紧张怯场的发生,具体这几种方法如何应用,后文会有详细介绍。

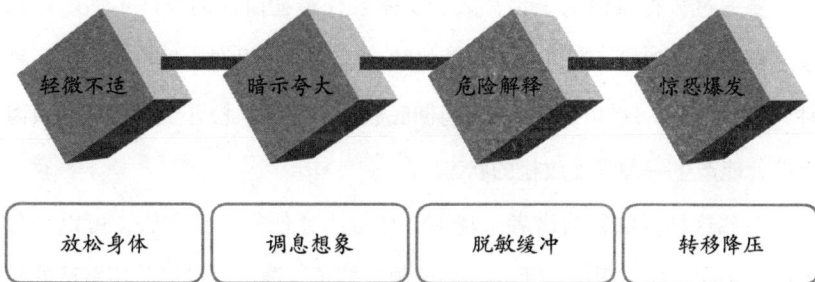

图 2-2 避免怯场的几种方法

放松释怯的身体修复

紧张的头脑无法存放在放松的身体里。

要通过放松身体的干预，减少紧张发作最初阶段的身体不适。埃德蒙·雅各布森创建了渐进式肌肉放松法，这一方法强调，先拉紧肌肉几秒钟，然后松开，这样可以会令肌肉彻底放松；拉紧、松开全身各处的肌肉组群，能产生一种深度放松的状态。

按照这种说法，演讲者上场前，尽量不穿任何紧身衣服，可以在台下解开领扣、摘下眼镜、手表，甚至脱掉鞋子。演讲者可以采用舒适的坐姿做放松身体的准备，从头颈部肌肉开始自上而下，沿着臂肩、胸背、腹腰、臀胯、腿踝部、足趾等部位往复循环，同时有意识地做肌肉放松，比如先握紧拳头，然后松开；也可以抬高肩膀，拉紧肩部肌肉；可以弓起背部拉紧背下面的肌肉，坚持数秒再放松；还可以两踝和腿部不动，将双脚的脚趾，缓慢地向上（下）方用力弯曲，持续 10 秒后慢慢放松复原，直至感觉微微发热、舒展。当然，你也可以像更有创造力的演讲者一样，在上场前，通过下蹲起立、跑跳等激烈运动的方式，缓解紧张引起的轻微不适。

当然，如果你即将开始一次网络直播，在开播前可以在直播间外走个十来分钟，或在健身器材上运动一番，同样可以让肌肉经历紧缩和伸展的过程。

这些方法的目的在于让演讲者部分肌肉紧张后，能够舒缓下来，进而更好地放松整个身体，缓解由紧张引起的轻微不适。尤其当你受到由紧张带来的思绪不定等困扰时，系统地放松肌肉，更能帮助你在演讲前平复心情，放缓思绪，降低紧张发作的程度。

当然，演讲者如果能在平时进行渐进式肌肉放松练习，那么会受益于长期泛化性效果，不仅在演讲当天的练习中能释放怯场的恐惧或者压抑，而且在其他时间里也会同样受益于身体的调节和放松。

这种方法一般适用于紧张发作的第一个阶段。

在使用这种方法时，演讲者需要找到一个安静的、不被打扰的地方。在这一过程中，演讲者尽量避免受到手机铃声的影响，必要时可以减少空调或电扇的噪声。

需要注意的是，练习的强度以不使身体过度疲劳为宜，演讲者要把主要精力用在接下来的演讲当中。

调息降怯的安静想象

肌肉放松往往要配合呼吸来实现放松的体验，呼吸的方式直接反映身体的紧张程度。当紧张发作时，呼、吸通常变得浅而快，大部分人由胸部呼吸来完成调息，能够让自己安静下来，更有益于专注的想象，挤占紧张带来的负向暗示，在紧张发作的第二阶段起到更好的干预作用。

调息，通常使用腹部呼吸来实现，它会让呼吸更充分、更深，增加大脑和肌肉组织的供氧量，刺激副交感神经系统（与交感神经激起兴奋、引发惊恐相反），可以促使演讲者身心达到一种安静和沉静的状态。

很多演讲者往台上一站，人们很明显就能看出他很紧张——呼吸得太急、太浅。

做腹式呼吸时可以通过你的鼻腔慢而深地吸气到你肺的最底部，好似自己摘下一朵鲜花放在鼻前闻花朵的香味——胸部保持不动，让空气通过鼻腔、喉咙渐渐充满肺部，此时，腹部像气球一样扩张到极限，吸纳到不能再吸为止，停顿3-5秒后缓缓地呼出。

你在呼气时从10默数到1，想象桌面上有一张白纸，呼出的气体推动白纸在光滑的桌面上匀速缓行，同时腹部最大限度地向内收缩，将空气呼尽为止。

这个过程如下：

慢慢吸气……暂停（5、4……1）……慢慢呼气（10、9……1）。

这样的腹式呼吸以每分钟不超过 7 次为宜，调息的修复方法，也要在上场前的 3-15 分钟使用。

关注自己的呼吸过程，不要东张西望，把目光远离他人的面部表情，停留在大面积的空白处，让这样的空白来充满你的视野，稳定心神，心无旁骛。

为了在开讲前让自己尽快安静下来，你在调息的同时，不妨想象自己正置身于一个安静的场景中，感觉全身心放松，从而帮助自己从紧张焦虑中走出来。安静的场景可以是静谧的海边、空山的溪流，或者宁静的早晨，还可以是冬夜里舒适的暖气旁。就像电影《盗梦空间》向我们讲述的那样，在多层梦境中，你进入的梦境层次越深，就越容易沉迷于那个世界（细节）。不要让自己受到现实的约束，重要的是要足够详细地想象安静的场景，尝试用生动的语言描述这种场景，勾起你的视觉，唤醒你的听觉，打开你的嗅觉。

将想象延伸到演讲过程中的各个细节，沉迷于开场的细节、事例的细节、情节的细节、概括的细节、结尾的细节里。你的注意力完全被这些细节吸引，就会带给你实际的生理效果，包括减轻肌肉的紧张感，心率变缓，呼吸加深，毛细血管扩张以至于手脚变暖。

当这一切发生时，你自然就会旁若无人，紧张的身心状态也会得到缓解。

直面融怯的脱敏疗法

多年前，有一位前辈曾给予我在演讲方面的指导："你如果上台紧张，把台下的听众都想象成土豆就好了。"

我深以为然，决定上台后采用这招，来降低演讲的紧张感。

结果一边低着头往上台走，一边不断地念叨："土豆……土豆……台下的人全是土豆……"

很不幸，经过十几秒自我催眠后，一抬眼，我的眼光正好与坐在第一排领导的目光相撞。

天啊！这位哪是什么"土豆"啊？就算是"土豆"，也是修行万年的"土豆精"。

在这位"土豆精"炯炯有神的目光注视下，催眠的效果早已烟消云散。我只能磕磕巴巴、想哭未哭、似笑非笑地开始了我的"惊恐之旅"。

我们为什么不能直面怯场呢？那些自我催眠、逃避紧张场景的做法，看似可以使人免遭惊恐，其实真正加深了恐惧的烙印，让我们多年不能摆脱怯场的阴影。

危险解释，是紧张发作的第三个阶段。这时候紧张已接近高潮，身体症状和危险建立了错误的联系，也是把紧张与特定场景联系起来的过程，用什么方法来干预呢？

埃德蒙·伯恩说："直接地暴露于恐惧情景比其他任何非行为疗法都有效，所以要想克服恐惧，你就必须先直接面对它。"[①] 让演讲者直接暴露在演讲现场，打破演讲者的紧张与讲话环境的联系，这是最好的干预、最有效的脱敏。

时间超过 10 分钟的演讲就能够脱敏融怯。紧张不可能永久存在，它总会过去的。只要演讲的时间多持续几分钟，处于紧张状态中的你，不管虚构了什么危险的念头，它会最终消失，并不会总是集中在那里。所以忍一忍，紧张怯场终会消融。

换一个角度重新看待紧张怯场，就能够脱敏融怯。学生放寒假了，就意味着春节临近了；你感知到紧张带来的不适，就表示脱敏开始了，因为如果感知不到紧张，何谈开始。这不仅是一种心理的安慰，更是融怯的事实。只有先直接体验到紧张，才能真正从紧张中走出来。因此你可以自信地提醒自己：我离融怯的目标更近了。

降低演讲场景的复杂性，也可以脱敏融怯。陌生的环境会引起演讲者的紧张，陌生、未知的听众也会让演讲者紧张，甚至恐慌。为什么我们在食堂说话，可以侃侃而谈，而在电视台直播厅演讲就惨不忍睹呢？这就涉及了演讲场景的复杂性。

---

① ［美］埃德蒙·伯恩：《心理医生为什么没有告诉我》，邹枝玲、程黎译，重庆大学出版社，2014 年，第 137 页。

一般来讲，在少于 20 名听众的演讲中发言，或者有更多熟悉的听众（支持者）在场时分享，场景相对简单，环境压力较小。心理学家罗宾逊认为，恐惧生于无知与未知，熟悉的听众（支持者）和熟知内容就会保持脱敏的优势。针对小规模群体演讲，以及在熟人（支持者）众多的地方分享，都是为紧张脱敏练习建立中间步骤和缓冲的环节。如果经过练习，在中间环节能够很好地适应和过渡，我们便能更容易通过中间步骤，掌握紧张脱敏的主动权。

让紧张怯场脱敏，并不需要操控演讲现场的一切，更不要想当然地认为"我的地盘我做主，我的地盘听我的"。我们既然不能完全控制演讲现场的情况，就要坦然接受这个事实，接纳那些自己不能完全控制的场景吧。

关注转怯的独门绝招

惊恐爆发是紧张发作的最后阶段，和它较劲只会让情况变得更糟糕。所以，我们不要刻意地去压制它，或是咬紧牙关赶走紧张，也不要惶恐不安地与它为敌，要顺其自然，和那些恐惧的症状和平相处。同时，我们也要换一个思路，从听众身上想办法来转移紧张。

想象一下，假如演讲者在一个没有听众的空间里讲话，会不会有惊恐降临的感觉呢？

是啊，有谁会在自言自语，独自一人说话时紧张呢？紧张怯场最大的"过敏源"就是听众的关注，紧张感在听众的关注下，会被无限地放大。没有听众自然就没有关注，没有关注自然就不会紧张。

但是，没有听众，演讲者又演讲给谁听呢？

那么，转移听众对我们的关注，能不能干预怯场对我们的控制，从而降低惊恐爆发的程度呢？

放弃对听众的关注，对演讲者来讲是致命的错误。转移关注，并不是让演讲者不在乎听众。一些缺乏经验的演讲者就是这样，不敢与听众对视，我们称之为"三板儿"：每每仰视天花板儿，时而俯视地板儿，忽而回头看白板儿（屏幕）。

我们所说的转移听众对演讲者的关注，是通过向听众发出群体性提问来实现的。

比如："今天我们演讲的主题是'企业家的学习力'，各位企业家朋友，学习力和学历是什么关系呢？请看大屏幕……"演讲者的手势同时配合，指向屏幕投影，在语言表达上有适度的停顿。

这时候所有的听众都会在手势的指引下，将关注的目光投向屏幕，没有人关注你了，你可以放松片刻，紧张感就不会那么强烈。这时候你需要稳定心神，想一想接下来该怎样演讲。

在演讲现场，背景布置、桌椅摆放、展板贴挂、会刊手册，甚至你随身携带的物件都可能成为转移听众关注点的道具。值得注意的是，这种看似临时起意的转移，往往也会产生边际递减效应，如果在一场演讲中频频使用，听众可能会不再配合，转移听众注意力的效果也将大打折扣。

更大胆的转移方法是演讲者向听众发出特定性的提问。

比如："今天我们演讲的主题是'企业家的学习力'，我想先请现场的一位企业家朋友回答我：学习力是用什么要素来表现的呢？有谁愿意回答，请举手示意……"这时，演讲者可以略作停顿，视线在演讲现场扫视。

演讲者会发现，听众的关注带来的压力，就会迅速反转到听众身上：有的人会下意识地把头低下，有的人会左顾右盼，谁都不情愿在众目睽睽下回答问题，因为那样他会紧张。

这一点我相信大家都深有感触，而且很少有人会喜欢这种紧张感。但是，这种"毒辣"的转移法要慎用，它只是缓解了你的紧张，却让全场听众都紧张了，如果频繁使用就没人愿意再听下去了。

以上我们总结的是演讲者为了克服怯场，需做出适度的"插入式"的关注转移。

在演讲现场，还要尽可能地减少"干扰性"的关注转移。它不是指演讲者的现场走动，而是指第三方的行为造成听众的关注转移。比如服务人员为听众斟茶倒水时的走动声、倒水声，演讲者在演讲过程中的吞咽声，杯盖与茶杯的撞击声，此处"有声"遮"发声"，容易产生对演讲的干扰。这种情况在一些企事业单位的演讲报告中尤为突出。

想一想，演讲的内容和端茶喝水，孰轻孰重？讲话的和听讲的，哪个更应该喝水？

另外，如果可能，要及时发现并调整不利的布置。比如，听众座位的摆放，不一定要像礼堂那样一排排地摆放 —— 前排听众呆板一致的后脑勺，总是让人产生乏味感，这样就逼着听众只能关注演讲者。

不难想象，如果把听众席摆放成类似就餐的圆桌式布置，很自然地就把听众的注意力转移到旁边或对面的听众身上。

除此之外，音响、灯光、讲台等舞台辅助道具也需要巧妙布置。这些都是演讲的加分项，为演讲锦上添花。

不要过多地介绍自己，要保持听众对演讲者的未知。有时候，这种未知也会让听众对你产生敬畏感。不要喋喋不休地详细介绍自己，你演讲的内容、你在现场的表现，比"你是谁"更重要，内容不好、表现不佳的话就没人在乎"你是谁"。相反，如果你的内容好、表现佳，即使你不说"你是谁"，听众也会询问或者搜索你是谁。

更不要夸大地介绍自己，那是极蠢的做法。有来头、大背景、高头衔的"大师"品牌，有时会起到反作用。听众会更加坚定地将注意力聚焦在你身上，他们会审视你，挑剔你，甚至在内心一次次地反驳你，要知道"挑战大人物"是一种江湖的快乐，那时候你就知道什么是"大失"水准了。

接受怯场，享受紧张

我们一旦能够控制紧张怯场，降低紧张发作的概率，就能享受到自己在演讲台上慷慨激昂、挥洒自如；你精彩的分享甚至会吸引工作人员挤满了通道；还有听众雷鸣般的掌声、赞赏的眼神，还有致意的鲜花，甚至还有渴求签名的笔，那种感觉真是太棒了！

但这一切并不完整。

接受怯场，享受紧张，体验这场冒险之旅，丰富演讲的经历是一件多么难得的事。

精彩的演讲往往离不开适度的紧张发作。在中医学中有"阴阳互根"的理论，孤阴不生，独阳不长。紧张会产生激情，怯场能孕育精彩，它们之间是相互依存、相互转化的关系。应激反应会造成身体的生理变化，机体向骨骼、肌肉、细胞提供大量营养和能量使机体功能得到了极大改善和提高，为机体超水平发挥提供了有利的物质条件，从而使演讲者注意力高度集中，爆发力快速裂变，为急中生智创造了必要的条件，能够爆发出出人意料的巨大能量。

经验丰富的演讲者经常有这样的体验：适度的紧张往往能带来更多的激情与精彩。当我们无法避免紧张发作时，就试着接受它，享受它带来的别样的激情和精彩。

能够体验紧张怯场，恰恰说明我们正在完成一件思别人不愿思、识别人不会识、演别人不敢演、讲别人不能讲的任务。它让我们摆脱平凡、平淡，甚至平庸，扮演指导者的角色，无论听众职务高低、年龄长幼、关系亲疏，他们都会按照演讲者的既定影响方式来接受、转化演讲内容。这何尝不是一次春风化雨，雨润万物的机会呢？这些都是紧张怯场带给我们的意外收获。

接受怯场，享受紧张，会让我们超越自己。一旦走上演讲台，就没有人可以在紧张怯场中拯救我们了。这等同于把自己放在没有退路的绝境当中，我们要时刻准备面对最坏的结果。

接受怯场可以让你放下一切顾虑和一些浅薄想法 ——"我可是总裁啊，讲砸了，客户、供应商会笑话我的"。因为紧张怯场讲砸了又能怎样？大不了被听众哄下台，最多失去几个听众（支持者）呗！

这样的思想准备都有了，我们还有什么可怕的？当我们遇到不可回避的困难时，要有置之死地而后生的精神。有了这种精神，我们就会成为那个伟大的自己。

第三章

提升形象，说话显气场

> 　　很多时候形象是演讲者对自我的管理，它是外在的，是第一时间被听众接触的。
>
> 　　演讲者着装要与场合环境、听众对象匹配；出其不意的站位则会吸引听众注意力。

形象也重要

近年来整容、微整形兴起，不分男女，不惜重金，齐登手术台。

大学生整容是为了增加"看脸"面试通过的概率，把好工作留给自己。而大多数人整容的目的是，让自己变得赏心悦目，留住自己的颜值，留住青春。

演讲者把陌生听众的关注留住，靠"脸"的时候远比靠"脑"的时候多。

"脸"是什么？外在的形象。

"脑"又是什么呢？内在、内容、内涵、底蕴。

演讲者走上台来，听众在不了解演讲内容的情况下，对你的第一印象通常停留在"脸"上。可是长相是父母给的，为了一次演讲还得整容塑形，代价也太大了。怎么办呢？

没别的办法，只有"装"这一条路，即容妆、着装。见图3-1。

打扮自己是自我形象认知水平的展示，代表着你对听众的尊重。

有些人上台讲话"没脸"或"半遮面"，因为他们打理不好自己的头

打理头发
表情服从内容与情绪
首饰佩戴恰当

妆容

着装

与场合对象匹配

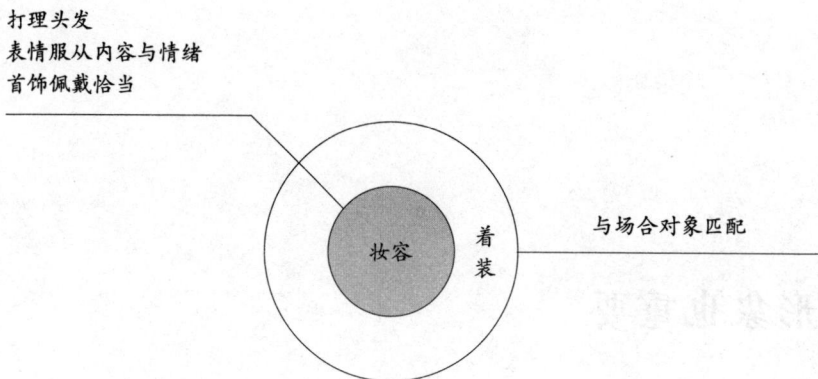

图 3-1　演讲者要会"装"

发，特别是刘海儿。打理好头发，露出你的脸庞，这是对每个登台演讲者最基本的形象要求。

除非必要，不要化浓妆。情绪是最好的妆容，表情服从讲话内容和情绪。你未必要挂着程式化的笑容，因为假笑很容易被识破，会让听众觉得你不值得信赖。更不要用手碰自己的脸，这不会让你显得有吸引力，反而会让听众觉得你在耍心机。

首饰也可以装饰自己，但要把握好分寸，过犹不及，千万别用大数量、大重量的首饰来炫耀自己。毕竟是人戴首饰，不是首饰戴人，况且我们上台是为了演讲，而非首饰新品发布。

用服饰去包装自己，弥补气质的不足。你着装得体，气质就有了提升，听众就有了听你说下去的念头。

着装一定要西装革履吗？不一定，这取决于演讲的场合和对象。一位企业家、领导者，穿着西装到车间面对一群新员工做欢迎致辞，这就"装"得有点不合时宜，不如穿工装与场合更匹配一些。

着装第一要与场合环境匹配，第二要与对象匹配。场合环境与对象冲突时，着装应优先呼应场合环境。

形象很多时候是对自我的管理，是外在的，是第一时间被听众接触的。一个拥有良好形象的演讲者，总是能给听众留下良好的第一印象，所以听众才愿意听你讲话。

当众讲话，气质靠"装"

不是每个演讲者都有模特般的标准身材，需要量体择衣，掩饰不足，展示演讲者的气质。

气质都是用着装来烘托出来的。服饰的线、色、款组合搭配是着装的关键。

西服套装是演讲者常见的着装，穿着要求无外乎拆除商标、定期干洗、里长外短（里面的衬衫应比外面西服上装领高、袖长 1~2 厘米）。这里要强调的细节是西服套装的扣子 —— 演讲活动中该扣几粒纽扣。

身着两粒纽扣的西服，只需系上面的纽扣；

身着三粒纽扣的西服，可以系上面和中间的两粒纽扣；

身着四粒纽扣的西服，可以系中间的两粒纽扣，也可以系上面的三粒纽扣。见图 3-2。

针对不同身材的演讲者，我们在服装选择上总结了一些经验，从而帮助演讲者在着装上扬长避短。见图 3-3。

如果你是一位身材矮小的演讲者，就不要突显"迷你袖珍"的特点。

对襟四扣西服	自上而下系三粒纽扣，或中间两粒纽扣
对襟三扣西服	自上而下系两粒纽扣
对襟双扣西服	自上而下系一粒纽扣

图 3-2　演讲时着装纽扣的系法

身材类型	衣	裤	鞋
矮小袖珍型	禁肥大、长不过臀、衬衫袖口可多露于外套、色不宜深	笔直、有裤线	细长款
细高瘦长型	厚深面料、肩合体、翻领占比面积大、不选开衩后摆	包臀无褶	宽厚饱满
肥胖年长型	竖条纹面料、小垫肩、翻领占比短窄、后摆两侧不开衩、对襟单排扣、色彩稳重	拉长腿部线条	忌细小矮

图 3-3　根据身材选择着装

你要从西装的上衣和裤子大小合身入手，诚实地面对自己的身高，不穿过肥、过大的西装，不宜选择长度超过臀部且过于宽松的西服上衣，衬衫袖口可以多露出一些，这样会产生延伸的视觉效果。

同理，宜选择笔直、平脚的西裤。为实现延伸的视觉，裤子要有裤线，没裤线也要熨烫出一道折痕，从而拉长腿部线条。听众从台下看你时，你就会显得比实际个头更高。

为了配合着装，你要选择穿细长风格的鞋子，这样可以使脚踝部位显得不那么臃肿。

颜色搭配要得当，尽量避免穿深色衣服，因为深色服装有视觉收缩的效果，而浅色服装有视角放大的效果。为了减少听众视觉分层，避免皮带颜色对整体产生干扰，如果可以的话，最好不用皮带束腰。

这样线、色、款的组合，就能弥补身材矮小的不足，呈现出干练、不拖沓的气质。

如果你是一位细高个儿、四肢瘦长的演讲者，就需要让气质整体看起来更有力量。这就要从面料、色彩、衣服肩部与后摆上下功夫，有厚重感的面料是首选。

这几年各大论坛嘉宾在着装上，似乎十分青睐法兰绒、粗花呢、格纹等布料衣装。不过在广州、深圳这样四季温暖的城市，演讲嘉宾着装还是以轻薄的精纺羊毛面料或麻料为主的服装居多。咖啡色、海军蓝，这样深沉和谐的经典色彩的服装，往往能给听众带来宁静、理性、庄重、坚毅等情感联想。

身材高挑的你需要让着装的肩处更合体，翻领较平常要长一些、宽一些。宽阔的胸部设计，能够起到增宽的视觉效果，但腰身中等即可。后摆千万不要选择开衩，因为不管是单开衩还是双开衩，在台上走动，都会产生轻飘飘的感觉。

对肩部与后摆的渲染与强调，完全是为了遮掩上身的长度。下身搭配欧式包臀或无褶西裤即可。足部搭配宽厚饱满鞋子。这样，听众看起来会感觉你没有实际中的那么长（高）。

平坦的腹部，让听众感到有精神，但这种体型对大部分演讲者都是一种较高的要求。如果你是一位身材肥胖、年龄较大的演讲者，岁月往往显现在你突出的大肚腩上。这就需要你用竖条纹的西服把这些多出来的肉藏起来，竖条纹的衣服在视觉上有显瘦、收缩的效果。另外，宽皮带比细皮带在视觉上更具平衡感，更能遮挡大肚腩。

上衣要选那些垫肩不高、外翻领子较短较窄、后摆两侧不开衩的款式，不要选择过分强调肩部与腰部比例的款型，最好是单排扣。西裤要选择在视觉上能够拉长腿部线条的款式。

如果你的气质尚可，就选择简洁有力的线条、稳重和谐的色彩、大方而又便于行动的着装款式吧。

需要强调的是量体择衣、掩饰不足仅针对演讲者的"体"而言，对于年龄的掩饰作用则是有限的。如果你已年过不惑，就不要挑战听众的容忍度，仍然穿得像毛头小伙。不合年纪的服饰会让听众这样猜想：你对年龄增长怀有极大的恐慌。

听众更欣赏的穿着，是你使自己看起来较实际年龄更加成熟，这比"装嫩"更容易被接受。起码你的衣饰和你的年龄更加匹配，更加"合身儿"。

你的视线会说话

我国戏剧表演艺术讲究"四功五法"：唱、念、做、打为四功，手、眼、身、法、步称五法。其中"做"功讲的就是"以面部神情、形体动作的各种身段完成舞台行动，及舞台大小动作，以传神为主要功能"。

把"做"功拿到演讲中，就是我们所说的体态语言，重点在于眼睛的神采和手势的开合。

眼神的活动和变化是人类情绪的表征之一。演讲者依靠眼神活动跟听众交流，传递情感。

每一种视线都有它固定的意义。见表3-1。

如果是百人以内的演讲，演讲者视线落点最好投放在最后一排听众的面部；如果是百人以上的演讲，讲台一般要高于前排听众座位，演讲者视线落点通常放在中部听众那里，避免视线落点持续靠后，否则前排听众会产生不受关注的冷落感。

在演讲中，最常用的是平直向前的视线。平直向前的视线并不是要一动不动地盯着某个听众，而是要兼顾全场所有的听众，沿弧形的轨迹在全

表3-1 不同视线表现不同情感

视线	表现情感
向上	思考、祈祷、傲慢
向下	悲伤、羞怯、悔恨
环顾	征询左右
向窗（门）外	情绪不安定、不沉着

场流转，特别是不能忽略最后一排的听众——这样的视线会令听众感受到"私人定制"般的演讲。演讲者既可以引起听众的注意，也有利于保持端正的身姿，同时还可以观察听众的情绪变化。

观察演讲现场的听众时，演讲者可以运用一种转换性的视线，即人们常说的虚视法。虚视近似于舞台演员面对听众时的眼神，眼睛好像看着什么人、什么地方，实际上什么都没有看。虚视可以帮助演讲者克服分神的毛病，缓解紧张的情绪。

除此之外，还可以运用环视法。环视法指的是有节奏地、间歇性地把视线从演讲现场的左侧，流转到右侧，再从右侧扫视到左侧；从前排投射到后排，再从后排转移至前排，不断地观察全场，与所有听众保持眼睛的接触，增强相互间的感情联系。运用环视法时，要减少眼睛频繁转动，那样会使听众不明其意，而感到滑稽可笑；还要注意各个角落都要环顾到，不要冷落了坐在角落里的听众。

运用手势，让讲话气场更强大

先有手势还是先有有声语言？历史考证学对于这个问题一直没有结论。但有声语言的使用和发展，没能取代手势态势语言却是事实。

手势是身体的语言，是人类最早使用的、至今仍被广泛运用的表情达意的交流工具。在 1941 年的一次演讲中，英国首相丘吉尔使用了剪刀手的手势，表达胜利的决心。从那以后，剪刀手成了人们心照不宣的必胜暗示，到了今天仍然是我们照相时的高频造型之一。

手势总是伴随说话中最重要的内容出现，它不仅表达了说者的情绪，还揭露了其隐藏在动作背后的真实想法，为听者提供了解析说者思维的内在线索。

在演讲台上，演讲者手势的动作幅度有大有小，运用恰当，能使讲话气场十足。

手势一般会在演讲者面前一个长方形的"动作黄金框"内完成。

演讲者双臂平举，垂直穿过两中指指尖处的直线，为长方形的左、右短边。见图 3-4。

图 3-4　动作黄金框左、右边框

演讲者双臂 45 度上举，两中指指尖的直线，即为长方形的上方长边；演讲者腰带位置与地面平行的直线，即为长方形的下方长边。见图 3-5。

图 3-5　动作黄金框上、下边框

如果演讲者的手势离开了这个区域，往往会有夸张之嫌。

在百人以内会场，演讲者要表现的情绪比较平稳，言辞也较为平缓时，手势幅度以小些为宜。

如果听众人数在百人以上，演讲者所要表现的情绪是激动、激昂的，当言辞较为激烈时，手势幅度则要相应地大些，否则手势表情达意的补充功能就很难实现。

演讲者做手势，要恰当自如、和谐优美，讲究用臂不用肘，用掌少用指。尽可能多地用手臂，这样的手势做出来，较为大气舒展，会给听众带来视觉的动感变化，而应少用手指，特别要杜绝用手指指人。同时，做手势要服从演讲内容的需要。

手掌心朝上，拇指张开，食指伸直，其余手指呈自然微曲状，一般用来表现正向、肯定、诚实的意思，如欢欣的、赞美的、恳请的、期待的、谦让的、坦诚的。

手掌心向下，手指头的状态与上同，一般用来表示负向、否定、安抚的意思，如不满的、否认的、反对的、拒绝的、爱抚的、许可的。有时也用来模拟事物或者表示其他含义，如指示距离、表示高度、模拟在黑暗中摸索动作等。

独伸食指，其他手指内屈于掌，用来专指某人、某事、某意，或是引起听众的特别注意；独伸大拇指，其他手指内屈于掌，表敬佩、赞许之意；独伸小拇指，其他手指内屈于掌，表示轻蔑、嘲讽的意思；数指并伸表数量、计数等。

做手势往往与有声语言并不同步，超前或滞后于有声语言，更能起到强调与补充的作用。

我们以号召手为例，简单说明手势与有声语言是否同步形成的不同效果。

单臂上举过头顶，手呈掌状，由外向内挥动，同时说出号召的语言"跟我来！"这时号召手势的辅助作用就不明显。如果先说出号召的语言"跟我来！"再单臂上举过头顶，手掌挥向内侧，这时号召手势的辅助作用就比前一次强烈得多。

无论是坐着演讲还是站着演讲，体态语最忌过多、过碎。

坐着讲往往就会摇头晃脑。头部平行左右晃的居多，有时面对听众左点一下、右点一下，好像只有靠墙的两边有听众，中间地带没人似的。还有的带稿演讲时，需要不时地低头看稿，一说话就抬头晃脑，抬头、低头过于频繁，痕迹过于明显，缺乏低头看稿、抬头看人之间的自然衔接。

站着演讲时，双臂不宜同时下垂，那样会给人呆板笨拙、机械对称的感觉。也有一些演讲者，习惯在表达时用双手在胸前不断画圈，好像这样才能把心里话向听众掏出来似的，实际上反倒让听众感到其思维的无序和紧张。

还有的人上了演讲台就不停地搓手，不断地整理头发，摆弄衣扣，频繁摸脸（耳、头发），讲话的气场就会被这些小动作消耗殆尽。

站位带动听众注意力的变化

高明的演讲者，往往并不与嘉宾同坐，否则很难表现演讲者的突出位置，他人在演讲台上哪怕是非常微小的动作，都会削弱演讲者的突出性，分散听众的注意力。美国南加州大学的劳伦·艾提和加州大学欧文分校的皮埃尔·巴尔迪发现，突出性和出乎意料的位置能够捕获人们的注意力。

演讲者位置的调整和变换，在讲台上的移动、游走会给听众带来注意力的变化。

我们可以把演讲台划分成六个区域。

结合听众审美上的心理和生理特质，这些区域的表现力度大致遵循这样的规律：

——靠近听众位置，显得更有力，前排位置优于后排位置；

——演讲台中间区域的表现力度优于左右两边区域；

——演讲台右边区域，比左边区域更有力度，因为听众总是习惯自左至右阅读、观看，而对演讲台来讲则是自右至左的过程。

根据这样的规律，演讲台上各区域的表现力度，从高到低排序应为：前中>前右>前左>后中>后右>后左（见图3-6）。

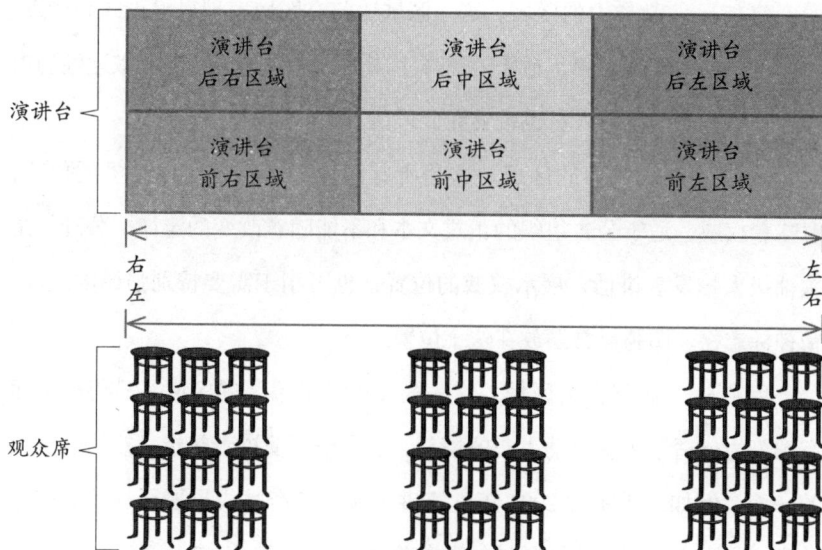

演讲台 后右区域	演讲台 后中区域	演讲台 后左区域
演讲台 前右区域	演讲台 前中区域	演讲台 前左区域

图 3-6　演讲台各区域示意图

演讲台上不同的区域对听众的感知所起的作用，不仅体现为力的大与小、强与弱，而且还涉及力的特性感知。耶鲁大学教授亚历山大曾对上述六个位置区域做出如下说明：

前中——决断力的区域。由于这个区域处于演讲台前排中部，因而明显、直观、有力，适于表达紧张的高潮、根本性的分歧和重大的决定（结论）。例如，苹果公司发布新产品，乔布斯上台演讲时，他总是在这个区域发表结论性的表述。

前右——亲和力的区域。这个区域显出亲切、温暖和非正式的格调，演讲的组织者、主持人总是在这个区域介绍主讲嘉宾，演讲台也总是摆放在这里，这个区域适于表达平淡的、温暖的、平缓情感的、非主题的内容。

前左——教导力的区域。这一区域比前右区域表现得更正式和严肃，因而也缺少一些亲切感，适于表达非主流的、自我的观点以及叙述性的内容，手语、外语翻译人员也较宜在此停留。

后中——统驭力的区域。这是所有区域中最正式、最高贵的位置，意味着权威，适于公告组织的正式文本和不能随意改变的定律、公理，是领袖级人物发表讲话，展示权威的位置，也可用于需要特别强调的上场，精神标志物、图腾经常摆放在这个位置。

后右——感召力的区域。这一区域属于最温馨的区域，显得抒情而有感染力，适于表达打动人心的情节，适合展示演讲者热情、欢快、幽默的一面。例如，雷军的 2021 年度演讲中涉及了产品成果展示、发展结论分享，主讲人出现在这一区域的次数较高。

后左——克制力的区域。这一区域是演讲台上表现力度最弱的区域，演讲中展示板书的设备经常在此摆放，但也常因违逆了听众的心理视觉习惯，反而能表现出与众不同的力度。这个区域用来讲一些过于刺激的内容，甚至愤怒的事件或情节时，可能会显得克制、文雅一些，对经验不多的演讲者来说更是如此。

当然，我们并不是要用这些刻板的区域划分来束缚住演讲者在台上的自由，而是为了让演讲更加精彩。试想，如果演讲者在思维和讲稿的指挥调度下，在演讲台各区域前后行进、左右位移、纵横穿插，力的大小、强弱配合演讲内容就会在现场听众心里留下多元、精彩的印象。

演讲者要理解区域间调度的"两个正相关"：同一区域出现的频度

与力度呈正相关，区域间运动速度与力度呈正相关。演讲者反复地出现在同一区域时，听众心里感知的力度就会被强化。演讲者在区域间运动越迅捷，就显得越有力；如果运动过于迟缓沉重，就会显出力的转换或消失。

如果演讲者在某些区域和行动方向上比较随意，如总是在前中区域讲笑话等，也会让听众心里产生"嬉皮笑脸""油腔滑调"的轻浮之感。

那么，如果演讲者从讲台上走下来，深入到听众席，不是更能展示演讲者的影响力度吗？确实如此，但这样做只会带动区域性的影响，走动经过区域的听众会有力度强烈的感知，其他区域的听众在感知上则显得平淡得多，因此这样做有很大的局限性。

如果一定要走入听众席，那么最好选择穿越"T"字路线（见图 3-7），或"π"字路线（见图 3-8）。

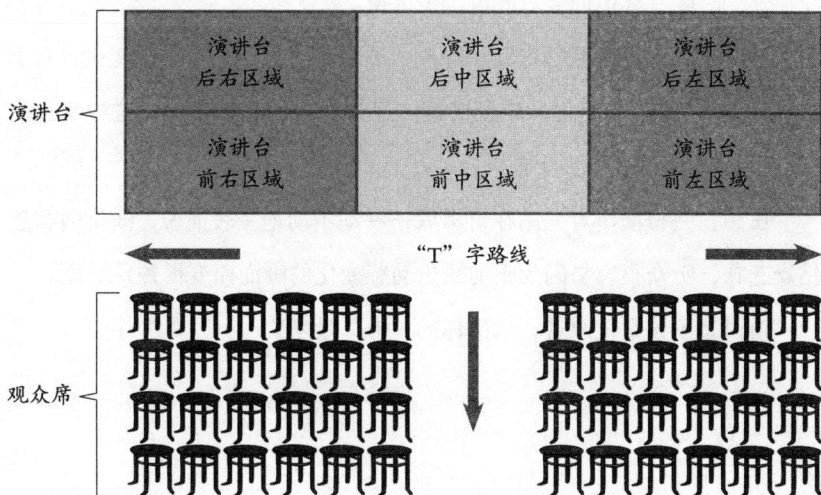

图 3-7　"T"字路线

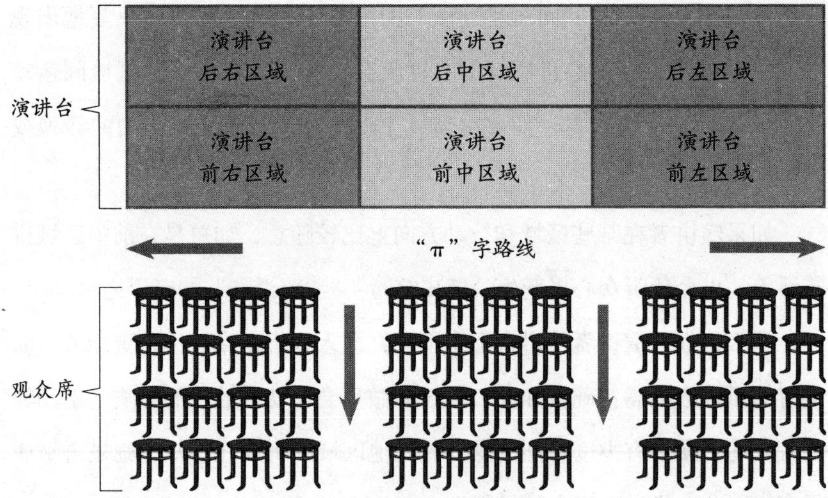

图 3-8 "π" 字路线

不宜围绕听众席进行顺（逆）时针走动，那样的话，听众只能扭着头注视你，时间一久他们会对演讲产生抗拒。

在演讲台上下区域的走动、穿梭，展示了演讲中"力"的变化，对于听众而言，"力"的变化，最直接地体现为视觉的动感变化，这种变化是保持听众持续注意力的基础。

试想，一位演讲者只站在讲桌后，一动不动地发表演说，演讲内容还枯燥乏味，听众很容易因为眼前缺少动感变化的画面而变得昏昏欲睡。

演讲者不该是催眠者，拿出你的"力"量来！

第四章

语言确切，说话现魅力

小说的语言是为了方便读者从书上"读"而创作的，电影剧本的语言是为了方便观众从银幕上"看"而创作的，说话或演讲的语言就是为了方便听众在现场"听"而创作的。语速快的演讲者不仅自己很吃亏，而且听众听得很疲惫。对于听众而言，表面上听到的是你的语言表达，本质上是你的思维。

具象化语言：有血有肉

演讲的语言与小说、电影剧本的语言是不同的。汪流在《电影编剧学》中提到："小说是用语言创造形象，它运用优美的语言文字去激发读者的想象；而电影剧本只需要能体现出银幕形象的，实实在在的语言文字。"小说的语言是为了方便读者从书上"读"而创作的；电影剧本的语言是为了方便观众从银幕上"看"而创作的；而演讲的语言则是为了方便听众在现场"听"而创作的。

演讲者的任务是用语言唤起听众"听"的兴趣，引导他们产生听的画面感，从而在听的过程中实现信息传导和情感传递。

这种画面感的语言被我们称作具象化的语言。它常常通过联想比附的方法，将抽象概括成具象，用这种具象资料来构建、替换、诠释所要表达的信息。比如总经理对小王的评价：

智慧过人，堪当重任！

具象化的表达，是这样的：

我们公司的小诸葛亮！

用诸葛亮这样具有代表性的人作为图像的语言，让听众产生了智慧超群、谋略过人、不辱使命的信息联想。这样意象组合的方法使语言表达富于图像化，为听众留下了深刻的图像概念。

语言与思维密切相关。成语中的"象"随处可见，种类繁多，这与我们偏重直觉感悟，习惯于"观物取象"的思维方式有关。成语中种类丰富的具象表达，可以这样划分：表示日、月、星、辰、风、雨、雷、电等自然现象的"象"，如雷厉风行、凄风苦雨等；表示鸡、犬、牛、羊等动物的"象"，如鸡犬不宁、山中无老虎猴子称大王等；表示花、草、树、木等植物的"象"，如竹苞松茂、桃李不言下自成蹊等；表示石、土、山、水等无生命物体或景物的"象"，如土崩瓦解、山穷水尽等。这说明"成语作为语言符号系统中重要的组成部分，它清晰地映射出民族独特的具象化思维方式"①。

具象化的思维与喜欢隐晦内敛的文化有关。我们更喜欢将事物的本质隐藏起来，而将现象表达在外的方式。比如文人墨客对于傲、幽、澹、逸的崇尚与追求，往往通过具体的"梅、兰、竹、菊"等花卉来表达。

近几年，流行于网络的热门用语往往都有具象化的发展趋势。如：用"后浪"，来说明特定 20-30 岁的勤奋上进的年轻群体；用"996"强调年

① 辛志凤：《具象性思维方式在成语中的体现》，《大连民族大学学报》，2019 年第 06 期，第 75—79 页。

轻一代为了工作不得不采取的一种长时间的加班状态。将表达内容转化为可视化、图像化的具象语言，在演讲致辞中特别受年轻听众的青睐。

走出校门，有千千万万的门等着你们，有大学的门、军营的门、国门，还有监狱的大门始终是敞开的……纯真能辟油腻，善良能辟邪……母校已经给各位交纳了首付，以后的房贷月借就靠自己了。（河南大学程民生语，2021 年）

种子是农业的芯片，同学们是吉农的名片。母校的大门永远为你们敞开。无论何时再回母校，希望同学们还是今天这个不油腻、不媚俗、不苟且、真诚阳光的青春少年。（吉林农业大学校长冯江语，2021 年）

这些年……同学们过得"都挺好"，因为你们的体重平均增长了 0.9 千克，你们是历届毕业生中最有"分量"的一届。我也知道，这几年，你们拒绝"佛系"，争当"高能少年"，书写了精彩的青春故事……在这里，我把心中的"万"语"千"言，化作三个锦囊相赠，愿你们在今后的路上"百"战"百"胜。

第一个锦囊，青春有一万种可能，别怕"多折腾"……

第二个锦囊，青春有一千种选择，别怕"走弯路"……

第三个锦囊，青春有一百种成功，别怕"跑龙套"……

同学们，青春如你，别怕多折腾、不惧走弯路、更无畏跑龙套，珍惜青春赋予你们的一万种可能，勇敢去闯荡青春一千条道路，用奋斗和汗水去铸就一百种成功，折腾定能现美好，弯路定会出坦途，龙套终将变主角。（苏州大学原校长熊思东语，2019 年）

每一年的这个时节，同样在这个礼堂，都会有一个导师代表发言。他们或念念叨叨，或语重心长的一大段话，归结起来就两个字：理想！

理想很空，老师很穷，要让老师送给大家一个不花钱的临别礼物，理想大约是最好的选择……

最好的老师有三种，第一种是递锤子的，你想要钉钉子，你的老师递给你一把锤子——多好的老师；

第二种是变手指的，你的人生需要好多黄金，老师让你的手指头变得可以点铁成金——多好的老师；

第三种是开窗子的，你以为看到了风景的全部，老师帮你打开一扇窗，你豁然开朗……——这是最好的老师。

离开大学，最要紧的是记得开窗子。你未来可能很穷，家徒四壁；也可能很成功，墙上挂满了奖状。无论如何，你都要提醒自己，你看到的不过是四堵墙。它们并不是你生活的全部，如果你勇于和善于在墙上开窗，你就会看到一个又一个新世界。（厦门大学邹振东语，2016 年）

这些演讲中的金句应用了具象化语言，给听众带来了有血有肉的视觉冲击，带来了"我们的世界他懂得"的共振，远胜于一些演讲者"母校以你为荣"的官腔套话。

其实，任何一次与众不同的演讲，往往在设计创作的过程中都要经过一次次枯燥的重复，需要有超越常人的耐性，在其背后往往是一些不足与外人道的辛苦。精彩的具象化表达，没有一次是能一步到位、一蹴而就的，精彩的背后，都饱含着设计者无比孤独的勤奋。

节奏化语言：有板有眼

某校召开开学典礼，领导在台上做长篇大论的报告。沉闷冗长的讲话如催眠小曲儿，台下听众（学生、教师）有人捧起手机玩游戏，有人手托下巴在"思考"，有人则肆无忌惮地仰头大睡。

看到这类报道不免让人同情：做听众不容易啊！这样的沉睡，既是对内容空洞乏味的消极抵制，更是对讲话节奏催人昏昏欲睡的无声抗议。

语言在某些方面类似于音乐，是"只能表现作用于听觉的东西"。艺术化语言，就是通过演讲者声音的高低、语速的急缓、语气的轻重来作用于听众的听觉，产生吸引、明晰、感染的艺术效果。

从语言角度来讲，一般高音、加速可以产生吸引听众的效果。为了便于理解，我们可以想象在嘈杂的菜市场，菜贩招揽顾客的吆喝往往都属于这一类。近年来也有这样的现象，演讲者在台上声嘶力竭、大汗淋漓，一刻也不放松对听众目光的吸引，中场休息时还要换件干衣裳，演讲变成了体力活，好像只有这样才叫投入。部分听众在聆听这样的演讲时也会产生错觉，把演讲者的高嗓门当成激情的表现。

高音、加速的吸引，在艺术化的语言中只是低层次的吸引。那么高层次的吸引是什么呢？

有一次我给广东省某航标处授课，课间休息与学员交流时我曾向他们询问："江海夜间航行，为什么航标灯总是一闪一闪的，明灭有间，是为了节省电力吗？"

学员回答："航标灯明灭有间，比无间歇的长明灯，更能刺激夜航者的注意。"

演讲中高层次的吸引往往就像明灭有间的航标灯一样，也是借助于停顿、休止带来的节奏性变化吸引听众，因为节奏性变频往往能够给听众带来更强烈的听觉刺激。如果演讲者在演讲时，在不能改变内容的情况下，改变一下频率，那么将留住多少听众啊！

感染性语言：有声有色

在演讲中，过快的语速会让内容的清晰度、听众的识别理解弱化，也会让听众听得很累、很疲惫，也很难接受，更不用说感动他人、影响他人了。语速过快，说明你只在乎自己讲的内容，漠视听众的感受。

语速与清晰度往往是呈负相关的。语速越快清晰度越差，语速越慢则清晰度越高。一个人的语速甚至和职级也呈负相关，如果你细心地观察一下，总经理、经理、普通职员的语速是有明显差异的。

语速慢下来与听众情感唤醒同步，结合你的低音，往往可以带给听众感性因子。男性的语速较慢，运用中低音域发声较多，所以更容易达到语重心长的效果。

讲话内容不够刺激，语言表述平淡，就好像没加调味品的菜，色味均无。低音、减速，就是加到演讲这盘菜里的调味品。在语言中感染的效果是靠这样的调味品来实现的。

在一次为国外艺术家举办的宴会上，一位来自意大利的女演员即兴为参会者表演节目。只见她拿起诗稿，用低沉、忧伤的意大利语朗诵起来。慢慢地现场听众安静下来，在轻缓的意大利语的低吟声中，有的人开始抽泣，接下来更多的人潸然泪下。最后在人们泪眼模糊中，朗诵结束了，掌声响起来了。许多人走上前向她致意，但他们更想知道这位受人尊敬的女演员朗诵的是哪位大诗人的著作。在宴会结束时，答案揭晓了 —— 竟然是当晚宴会的菜谱。

似乎从那时起，朗诵菜谱成了演员、播音员的必修课。由此可见，能够让人感动得泪流满面的，不仅仅是诗歌、散文，也有可能是菜谱！前提是你拥有了低音、减速的能力。

当然，讲话的内容在方便听众聆听的基础上，有些标点符号还可以用"字词"代替。如顿号可以用"和"代替，破折号可以用"是"代替，引号表示否定时加"所谓"，括号补充另用文字说明。

当你能够将标点符号转变为文字，熟练运用有声语言的技巧，就会让自己的说话更加有声有色。

概括性语言：有条有理

短小、精练、扼要的演讲，总是能唤起听众欣赏的兴趣。在演讲中，能让听众记在本子上的，往往是那些除去杂质、精美凝练的语言文字。

少而精的语言是删繁就简的结果，需要我们对内容进行深入的研究与解析，就像屠岸的诗里写的："愈是深深地扎下，愈是高高地伸展。"有了深深的"扎下"，才能得到精练的"伸展"。

《圣经》是基督教的经典，也是教义的根据，内容涉及历史学、文学、哲学。然而，一位无神论者就像牛顿总结力学定律一样，可以把《圣经》的要义精练成四句话，如赵启正和路易·帕罗在《江边对话》这本书中提到：

上帝无时不在，无所不在，是全知的，是全善的，是全能的。人是有原罪的，所以不能和上帝沟通。上帝派耶稣来和人沟通。

人不要企图主导自己，要靠耶稣……来主导自己。

上百万字的《圣经》就这样被精练出来了，靠的是什么？就是深入浅出的"深"字诀，深厚的功力都是从深入和深化开始的，接下来就有了深刻和深信，进而有了深厚。扪心自问，我们觉得东西复杂难懂，是不是因为还没"深"下去？

把大部头精练成几句话的深厚，是从把语句、段落精练成词组开始的。我们以下面这段话为例。

在人与人的交往中，我们往往要注意沟通的艺术。关于沟通的艺术，曾仕强在《中国式管理》中提出：

了解对方的言默之道；记住交浅不可以言深；以情为先求通情达理；言必有误不流于空谈；言之成理不自相矛盾；从容不迫不紧张急躁。

接下来，我们把沟通艺术体现的六个方面分别概括出来，即：

了解对方的言默之道 —— 有与无；

记住交浅不可以言深 —— 浅与深；

以情为先求通情达理 —— 情与理；

言必有误不流于空谈 —— 虚与实；

言之成理不自相矛盾 —— 矛与盾；

从容不迫不紧张急躁 —— 急与缓。

前后对比一下，概括总结后是不是更容易让人理解和记忆呢？

常用的概括还有用喻体来表现本体，达到凝练的效果。

我们以一段演讲词的评价为例：

演讲词的开场白讲究新颖精巧、引人瞩目、紧扣主题，能够激发听众的兴趣和好奇。主体内容要力求情理交融、血肉丰满、翔实丰富，给听众以充实的满足感。结尾要雄健有力、意尽言止、不拖泥带水，使听众加深认识，得到鼓舞，回味无穷，增加信心和希望。我们总结概括为：凤头、猪肚、豹尾。

拿凤凰头作为喻体，来表现小巧、精致、美丽的开场导入的本体；用杂食动物猪的肚子——猪肚，这样充实饱满的象征，来比喻言之有物、言之有料、言之有情、言之有理的主体内容；用响亮有力的豹子尾巴比喻发人深省、催人行动的演讲结尾。

用比喻的手法完成精练的表述，可以激发听众广泛的想象力。比如：

能让猪飞起来的股市，实际上是猪市。

这种表达不是很恰当，"猪市"表现的还是集市，并没有把某一时间段股市的特征表现出来，如果改成下面这段话会好一些。

近期的股市指数起起落落，既不是牛市也不是熊市，应该是猴市。

用猴子的上蹿下跳作为喻体，来表现股市指数跌宕起伏会更准确一些。

精练化语言：有滋有味

让演讲的语言更精练，让总结概括升级，就到达精练化语言的阶段。精炼化的语言常用标数缩略来实现，即采用缩略形式，以数字来标明、概括数个属性相同（近）的有并列关联的内容。比如：

坚决反对干部群众反映强烈的形式主义、官僚主义、享乐主义和奢靡之风……

总结缩略为"反四风"。

标数缩略在政府、国有企业机关的领导者演讲中经常出现。

值得我们注意的是，标数概括要符合逻辑，防止陷入误区。

在新的一年里，全体员工要发扬主人翁的精神，齐抓共管，务实创新，我们要完成"四个第一"的目标：产品第一、服务第一、管理第一、经营第一。

如果这些目标真能达成，那一定是建立在"唯一"的前提下，唯一才能第一。需要注意的是，有些演讲中的套话、空话、大话，不是没有总结、提炼，而是总结迈入了"旁门"，提炼进入了"左道"。

谐音别解是实现精练化语言另一经典方式。中国汉字的数量是非常巨大的，仅《康熙字典》就收录了 4.7 万多个汉字，1915 年中华书局出版的《中华大字典》则收录了 4.8 万余个汉字。但是，将这些汉字的读音汇总起来，却只有 1200 多个音。我们的语言也是通过这些音的排列组合实现的。

大量同音文字的存在，为精练化语言的生成和创造提供了巨大的空间。

比如，一次关于物流行业发展活动中，有这样一段演讲：

现代物流企业的发展，离不开对国际经济趋势的研究，离不开对国内市场需求的把握，离不开实事求是、高瞻远瞩的战略决策，离不开招贤纳士的人才储备，只有做到四"世"（势、市、是、士的谐音）同堂，我们的事业才会日新月异、兴旺发达。

利用同音字、近音字等音义组合的多元性、灵活性，来别解字词、提炼总结，会使演讲的语言更有料。

近年来，无论是直播平台的广告文案，还是网红带货的营销宣传，到了非"谐"不语，无"谐"不欢的地步。谐音别解成为精练化语言的"硬核"。

2020 年新冠肺炎疫情防控期间，网上流传着关于援助武汉的各地医疗队的口号，也是利用了谐音别解的方法，让人印象深刻。

北京援助医疗队：京兵强将

天津援助医疗队：津字招牌

河北援助医疗队：冀来之则安之

山西援助医疗队：竭晋全力

内蒙古援助医疗队：别害怕"蒙蒙"达

辽宁援助医疗队：辽表寸心

吉林援助医疗队：逢凶化吉

黑龙江援助医疗队：夜再黑终见光明

上海援助医疗队：沪你周全

江苏援助医疗队：苏大强

浙江援助医疗队：浙风挡雨

安徽援助医疗队：皖无一失

福建援助医疗队：国泰闽安

江西援助医疗队：赣做敢当

山东援助医疗队：鲁大壮

河南援助医疗队：随豫而安

湖南援助医疗队：湘互扶持

广东援助医疗队：粤来越好

广西援助医疗队：兵桂神速

海南援助医疗队：琼尽全力

重庆援助医疗队：渝战渝勇

四川援助医疗队：蜀你最好

贵州援助医疗队：贵人相助

云南援助医疗队：拨云见日

陕西援助医疗队：秦劳勇敢

甘肃援助医疗队：甘苦与共

青海援助医疗队：青囊相助

宁夏援助医疗队：安国宁家

新疆援助医疗队：同新协力

　　演讲者的智慧如同金子，但是这些金子会和沙子混合在一起，很多时候，必须经过总结、提炼，才能体现出金子的价值。优秀的演讲者就是语言的炼金者，而对语言的提炼，就是炼金术。

第五章

五味调和，说话"抓"听众

说话、演讲如同烹饪，既要有主料食材（内容），又要有辅料配菜，还离不开酸、辣、甜、咸、苦的调味品。有时候你说话或演讲的内容不能吸引听众，在于缺少调味的元素和组合，少了它们，就缺少了闪光点。也许，你说的内容可能具有很强的娱乐效果，但一定不会精彩。哲理与新知、情感、幽默、禁忌元素的组合会提升说话的品位。

酸：新知要素

演讲中新知识点的设计就像香醋一样调动着听众的"味蕾"，打开他们兴趣的"胃口"。

怎么才能做到"新"呢？原有的事例、数据、理论、技能都是已知点，讲听众都知道的内容效果是递减的。比如：

在天堂，一群人围着一口大铁锅，每个人都拿着一根比手臂还要长、比双臂环抱还要粗的大勺子，舀着大铁锅里的食物，喂到对面人的嘴里，对面的人吃饱了再拿大勺子去喂其他人。这群人面色红润、从容怡然、和谐自得。

在地狱，一群人围着一口大铁锅，每个人都拿着一根比手臂还要长、比双臂环抱还要粗的大勺子，舀着大铁锅里的食物喂自己，怎奈既无法弯曲自己的手臂，也无法释放自己的双臂把食物送进自己的嘴巴里去。这群人面黄肌瘦，抱怨不止，饥饿不堪。

结论：要想获得先要给予。

这样老套的演讲内容，哪个听众不反感？说他人之说等于白说，耳熟能详的事例很难引起听众的兴趣。相反，讲未知点会怎么样呢？未知点能够激发听众的兴趣，但不利于听众对当下知识的消化，因此未知点过多，也会引起听众的抗拒和抵制。

新知识点的设计，无外乎把已知的知识点做成未知的组合，在对其进行解析的过程中就实现了精彩演讲。新知识点的表述可以先从改变已知的结论入手——相同的事例不同的结论。我们还是以刚才的知识点讲解为例。

结论：当资源相同时，配置方法不同，就会导致不同的结果。

天堂的"勺子"（资源），优先利他配置；地狱的"勺子"（资源），优先利己配置。这样就会有天壤之别，从而还可以延伸到职场，职场资源优先配置利"他"，这个"他"就是绩效的意思。这样的结论是不是比上面的表述要精彩得多呢？

当然，我们还可以对事例和结论都做已知和未知的全新改编、组合。

在天堂，一群人围着一口大铁锅，每个人都拿着一根比手臂还要长、比双臂环抱还要粗的大勺子，舀着大铁锅里的食物，喂到对面人的嘴里，对面的人吃饱了再拿大勺子去喂其他人。这群人面色红润、从容怡然、和谐自得。

在地狱，一群人围着一口大铁锅，每个人都拿着一根比手臂还要长、比双臂环抱还要粗的大勺子，舀着大铁锅里的食物喂自己，怎奈既无法弯曲自己的手臂，也无法释放自己的双臂把食物送进自己的嘴巴里去。这群人面黄肌瘦、抱怨不止、饥饿不堪。

在人间，一群人围着一口大铁锅，每个人都拿着一根比手臂还要长、比双臂环抱还要粗的大勺子，他们舀着大铁锅里的食物先喂饱喂自己的人，然后不断地改造自己的大勺子，使它变得更短、更细、更小。接下来每个人都拿着长短、粗细、大小各异的勺子，舀了食物之后，有的在喂自己，有的在喂别人。拿着改造不了又长又粗又大的勺子喂自己的人穷凶极恶、瘦骨嶙峋，最后下了地狱；拿着改造不了，又长又粗又大的勺子喂别人的人悠然从容、面色红润，最后升入了天堂。

渐渐地，在人间只剩下能够改造勺子的人。他们因为勺子短而细小，既喂不了别人也不太容易喂饱自己，所以只有终日劳碌，一勺一勺拼命地尽可能多地抢着吃，并暗自庆幸：依靠自己丰衣足食！

结论：改变命运的往往不是能力而是选择。

面对相同的资源，我们选择改造它还是配置它，决定了出路的差异。像上面这样将已知点和未知点进行全新组合，讲话的影响力将呈现乘法效应。

新知识点的设计还可以将多个要素进行关联，用数理公式来表述。如：

权力、能力、魅力，是影响下属服从指数的关键要素。三者的关系可以用一个公式来表述，即：

服从指数 =（权力 + 能力）× 魅力

权力与能力的组合，会产生别人在行为上践行的必要性；魅力则满足别人在精神上归属的需求。

从上述公式来看，服从指数与下属的服从性呈正相关。如果权力、能力、魅力各赋值为 1，那么服从指数就是 2；如果各赋值为 2，服从指数就是 8。

这样的公式便于演讲者进行深度的解读：在职场上一位职级不高的经理人（权力 =1），只要德（魅力 =10）能（能力 =10）兼备，同样能够让同事们信服他（服从指数 =110）；一位能力较弱（能力 =1）的领导者，可以通过权力（权力 =10）和魅力（魅力 =10）来要求下属服从（服从指数 =110）；但一位缺乏魅力（魅力 =1）的领导者会极大地削弱权（权力 =10）和能（能力 =10）的组合作用（服从指数 =20）。所以，用公式来解读要素之间的关联，往往能带给听众耳目一新的感受。

这样的新知识点设计，是不是很开胃呢？

辣：情感要素

在中国八大菜系中，粤菜的特色是更接近食材的原味，走清淡、本真的路线，但是粤菜在全国的传播似乎不如川菜、湘菜，后者更有竞争力，基本占据了全国各地的餐桌。

川菜、湘菜之所以能给人留下深刻的印象，就是因为烹调的时候加入了大量调味辅料——葱、蒜、姜、椒，与主食材发生了化学反应，强烈的辛辣刺激着味蕾，经过刺激后味蕾就产生了极度的亢奋，于是"不怕辣、辣不怕、怕不辣"让人的食欲大增、汗流浃背、欲罢不能。

在演讲中什么元素能像辣椒一样，让听众产生深刻的感动并为之振奋呢？唯有情感！

没有情感的演讲如同没有加辣椒的菜肴。听众内心最脆弱的味蕾就是情感，是最柔软、最容易被征服的地方，只要演讲者用情感元素触动听众的味蕾，引起共鸣，听众就很容易被说服。

领导者的职级越高就越理性、冷静，在演讲中只要他们稍稍使用情感元素，往往就会形成强烈的反差，感动、征服听众的效果就越发明显。

我们以美国历史上首位非洲裔总统奥巴马，在竞选美国第 44 任总统获胜时的演说《美国的变革》为例：

芝加哥，我来了。

如果还有人质疑美国是否凡事都有可能，还有人质疑美国奠基者的梦想在我们所处的时代是否依然鲜活……那么今晚，这些问题都有了答案。

这是设在学校和教堂的投票站前排起的前所未见的长队给出的答案，是等了三四个小时的选民所给出的答案，其中许多人都是有生以来第一次投票，因为他们认定这一次肯定会不一样，认定自己的声音会让这次大选有别于以往。

充满感动的激情导入，扬眉吐气的释放，利用"设在学校和教堂的投票站前排起的前所未见的长队""等了三四个小时的选民""许多人都是有生以来第一次投票"等细节来修饰那种来之不易、难以言表、无须掩饰的感动。与奥巴马任职后的演讲相比，《美国的变革》是最具情感色彩的精彩演讲。

同样是诉诸情感，下面的演讲则与众不同：

诸位代表先生们，我们有一个共同的感觉，我们的工作将写在人类的历史上，它将表明：占人类总数四分之一的中国人从此站立起来了。中国人从来就是一个伟大的勇敢的勤劳的民族……我们团结起来，以人民解放战争和人民大革命打倒了内外压迫者，宣布中华人民共和国的成立了。

这是毛泽东的演讲《中国人民站起来了》中的一段话，以东方人特有的内敛和含蓄，将使命、理想成真的伟大情感进行了别样的展示。同样是情感元素，这两篇演讲有什么不同呢？

前一篇演讲更多地使用了真挚之情，让人激动万分；后一篇演讲更多地使用了崇高之情，让人豪情万丈。

一般来讲，真情流露可以用低音、减速来增强感染的效果。如奥巴马的演讲《美国的变革》：

如果没有一个人的坚决支持，我今晚就不会站在这里，她是我过去16年来最好的朋友，是我们一家人的中坚和我一生的挚爱，更是我们国家的下一位第一夫人：米歇尔·奥巴马。

萨莎和玛丽亚，我太爱你们两个了，你们已经得到了一条新的小狗，它将与我们一起入驻白宫。

虽然我的外祖母已经不在了，但我知道她与我的亲人肯定都在看着我，因为他们，我才能拥有今天的成就。

今晚，我想念他们，我知道自己欠他们的无可计量……

亲情、爱情、友情、感恩之情、触景之情等，人与人之间的诸多情感都可以用这样的表述来完成。

如果涉及崇高之情，涉及人与事业、人生、使命、梦想的豪情，那么常用排比的句式来增强这样的感染。排比句式一般在数量上起于三止于七，排比句式越多则表达的情感越强烈，但在正式场合排比句数量要适宜，毕竟情感要服从于场合。如《美国的变革》：

这次大选创造了多项"第一"，也诞生了很多将世代流传的故事。

但是今天晚上令我难忘的却是在亚特兰大投票的一名妇女：安·尼克松·库波尔。她和其他数百万排队等待投票的选民没有什么差别，除了一点：

她已是 106 岁的高龄了。

她出生的那个时代奴隶制度刚刚结束；那时路上没有汽车，天上也没有飞机；当时像她这样的人由于两个原因不能投票——一她是女性，另一个原因是她的肤色。

今天晚上，我想到了她在美国过去一百年间所经历的种种：心痛和希望；挣扎和进步。那些我们被告知我们做不到的时代，以及那些坚信美国信条的人。

是的，我们能做到！

曾几何时，妇女没有发言权，她们的希望化作泡影，但是安·尼克松·库波尔活了下来，看到妇女们站了起来，看到她们大声发表自己的见解，看到她们去参加大选投票。

是的，我们能做到！

当 30 年代的沙尘暴和大萧条引发人们的绝望之情时，她看到一个国家用罗斯福新政、新就业机会以及对新目标的共同追求战胜了恐慌。

是的，我们能做到！

当炸弹袭击了我们的海港，独裁专制威胁到全世界，她见证了美国一代人的伟大崛起，见证了一个民主国家被拯救。

是的，我们能做到！

她看到蒙哥马利通了公共汽车，伯明翰接上了水管，塞尔马建了桥，一位来自亚特兰大的传教士告诉人们：我们能成功。

是的，我们能做到！

人类登上月球，柏林墙倒下，世界因我们的科学和想象被连接在一起。今年，就在这次选举中，她用手指触碰屏幕投下自己的选票，因为在美国生活了106年之后，经历了最好的时光和最黑暗的时刻之后，她知道美国如何能够发生变革。

是的，我们能做到！

情感语言的使用要特别注意边际递减效应，就像辣椒吃得多了，多次刺激之后味蕾会被"破坏"。比如，吃了一周的川菜或湘菜之后，你可能吃什么都会没有胃口，暂时无法唤起麻木的味蕾。

甜：幽默要素

一句巧妙的幽默话，胜于许多平淡无味的唠叨。幽默是对现实中不尽如人意之事的乐观思索和艺术表达，有诙谐的意味，有调侃的意味，有讽刺的意味，就像儿时入口即化的棉花糖，丝丝甜蜜可以瞬间打破严肃紧张、局促尴尬的气氛。

那么，演讲中的幽默语言是怎样设计出来的呢？

胡范铸先生在《幽默语言学》中提到，"超常规的语言组合结构，都是语言幽默氛围的骨架"。超常规语言的组合，就是在一种全新的创造中营造幽默情趣，而这种创造能让听众快速地发现荒诞、愚昧、自以为是和适得其反的地方。夸张想象设计幽默，比喻象征创造幽默，移花接木构建幽默，中断逻辑曲解幽默，这些就是超常规语言组合的具体化再现。见图 5-1。

夸张想象设计幽默即发挥丰富的想象，放大或微缩事物的本质、作用、程度，反衬语言与事物的差异。

比喻象征创造幽默则是用具有相似点的事物打比方，用具体、浅显、

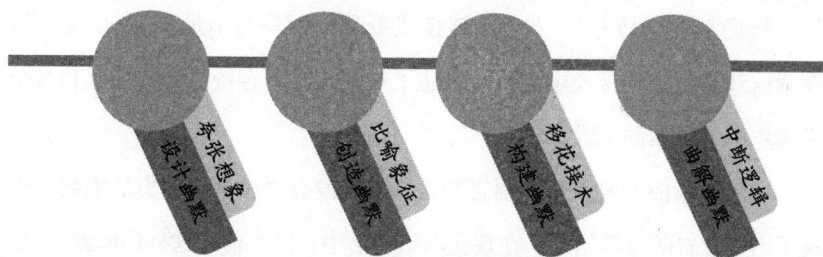

图 5-1　几种超常规语言组合

熟知的事物做比较来说明抽象、生疏的事物。如俞敏洪在演讲《学习英语与人生奋斗》中说：

学英语好比学鸟叫，你在树林里学鸟叫。当有四只鸟落在你肩上，说明你过了英语四级；当有六只鸟落在你肩上时，说明你过了英语六级……

这个例子将学习英语的熟练、精湛程度比喻成"与鸟对话"。能与你对话的"鸟"越多，就说明你的英语水平越高。

移花接木构建幽默就是在言辞表达中，故意打破语意、感情色彩，由此转彼，通过不协调接换来传达幽默的方法。如：

经过数年的打拼，我们已经取得了一些成绩，但在两个方面还是有很大的欠缺。一是在团队成长上有欠缺，团队的战斗力还没有跟上业务的成长要求；二是在客户的淘汰上有欠缺，个别的劣质客户多次承诺按期付款，又总是违约。真可谓：路遥知马力不足，日久见人心叵测。

用"马力"来代替团队的战斗力，用"人心"来代替劣质客户的诚信，将褒义的"马力""人心"转接成贬义的"马力不足""人心叵测"，在调侃戏谑、错位接换中婉转地表达了对团队能力有待提升的无奈和对个别客户不讲诚信的不满。

中断逻辑曲解幽默就是语言的逻辑发展没有遵循常规而突然中断，出现了出人意料的可笑结果。在现代网络笑话中，经常使用这样的幽默。如：

每次回到家我就喜欢在你身上爬来爬去，疲惫时喜欢躺在你的怀抱，闲暇时喜欢抚摩你的每寸肌肤，我真的一刻也离不开你，我爱你——沙发！

前面所有的铺垫都在暗示我们，对方是一位与说话者非常亲近的人，然而答案却突然一反常规，出现了并非预期的内容——沙发。这样，诙谐幽默的情趣就被制造出来了。

当然，很多演讲者也有这样的误解，认为演讲中的幽默就是讲笑话。其实依赖讲笑话引起听众发笑，效果也好不到哪儿去，笑话虽能让人开心，但未必可以诠释智慧和深邃的道理。

演讲中一些幽默言辞会不会冒犯听众呢？面对这样的问题，比尔·盖茨的策略是这样的：

我为今天在座的各位同学感到高兴，你们拿到学位可比我简单多了。哈佛的校报称我是"哈佛大学历史上最成功的辍学生"。我想这大概使我有资格代表我这一类学生发言——在所有的失败者里，我做得最好。

但是，我还要提醒大家，我使史蒂夫·鲍尔默（微软前首席执行官兼总裁）也从哈佛商学院退学了。因此，我是个有着恶劣影响力的人。

这就是为什么我被邀请来在你们的毕业典礼上演讲。

如果我在你们入学欢迎仪式上演讲，那么能够坚持到今天在这里毕业的人也许会少得多……

如果不能确定你的幽默是否会冒犯别人，那么就学学比尔·盖茨——拿自己开玩笑，也许是最安全、稳妥的幽默。

值得演讲者注意的是，从听众的角度来看，幽默是由敏感到不敏感的转化，所谓"入芝兰之室，久而不闻其香"，幽默语言设计得太多就会"躺"着听众，让他们再也无法提起有效的兴奋，而产生对演讲者"耍嘴皮子"的厌倦。

咸：哲理要素

"咸香淡无味"，做有味道的菜必须放盐。什么是盐？就是哲理。

如果一个人的演讲缺了哲理，就好像菜里没加盐。那些发人深省、直指人心的演讲，都是因为使用了哲理元素，才让理性认识得到了提升。

哲理元素经常出现在需要做结论性概括的地方，往往是在某主体内容的开头或结尾，将内容最本质的要点加以概括的地方。使用哲理元素常见的方法叫作越界和逆反。

所谓越界，是指超越原有要点的概括范畴，向更高层面寻找对应点，通过解析思辨的过程获得哲理元素。在我们演讲展开主体内容之前，要对论点进行概括，这时候往往是考验演讲者讲话水平的时候。如：

态度决定一切！

这样的论点在 20 多年前中国男足队冲击世界杯的时候被认定为哲理，甚至是真理，但现在这种老掉牙的哲理却很少有人理会。怎样实现这种越界呢？见图 5-2。

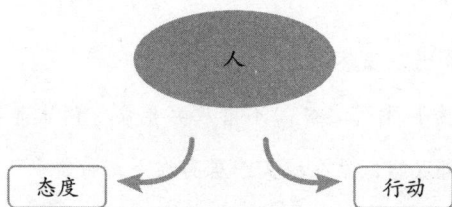

图 5-2　哲理的越界

从狭义的角度划分，可以把一个人分为思与行两个部分。越界就是超越"人"的层级，跨向更高一层寻求答案。见图 5-3。

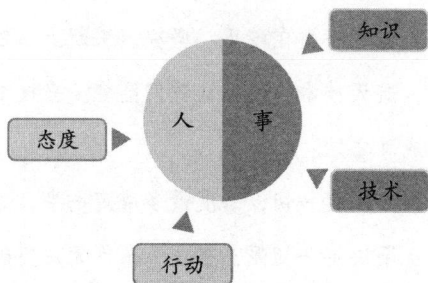

图 5-3　狭义角度的越界

事物属于更高层级，那么我们只需在事物这一范畴中找答案，即知识和技术。当态度与知识或态度与技术组合时效果就所向披靡了，但是在语言表述上，可以更工整一些。

我们以态度与技术组合为例，看看下面的这段演讲是如何呈现思辨的哲理的。

态度决定一切吗？当然不是！

我们的古人为圆飞天之梦，不惜放弃生命。南宋时期就有记载，有人身披羽翼，肋绑双翅，站在城头，居高临下，希望一飞冲天，结果上了西天。明末有史记载，有人把自己绑在多脚的椅子上，在椅脚附带着很多爆竹，希望通过爆竹爆破的助推力，把自己送上九霄云外，结果差点丢了性命。

他们飞不上天、登不上月，是因为态度不端正、不坚决、不果断吗？当然不是！

那么是谁圆了国人的飞梦？

我们孜孜以求的态度！我们的科学技术！

是因为杨利伟他们的态度在端正、坚决、果断上超越了古人吗？当然不是！是因为技术，航天技术的成熟让我们圆梦。当技术和态度结合的时候，就是我们梦想成真之始。

所以说，态度并不决定一切，态度最多决定一半，另一半是技术！那么，态度在什么情况下决定一切呢？当技术条件无法突破、无法改变，只能依靠人的主观态度来实现目标时，态度才会决定一切。许多时候唯一就是一切。

这样的语言表述，就将思辨的哲理呈现出来了，并且针对"态度决定一切"给出前提条件，即"技术条件无法突破、无法改变"的时候，最后在结尾又进行总结概括。如果能用一句话或一张图提炼出来，那基本就把哲理元素显现出来了。

所谓逆反，就是向事物相反或否定的方向延展，寻求新的思辨亮点。如我们从"大智若愚"的相反方向延展出"大愚若智"。再如：

第一句：当我们得到的时候，才感到珍贵的所在。

第二句：当我们失去的时候，才感到珍贵的所在。

后句相对前句更有哲理，它是从"得"的反方向延展出"失"，寻求到珍贵所在。怎样进行思辨找到更新颖的哲理元素呢？

第三句：当我失去的时候，才体谅到别人失去的苦痛，真是有体验才会有体谅啊！

第三句也是从"我"的反方向——别人，寻找答案。

在从相反的方向寻求哲理元素的同时，我们还经常从否定的方向延展。

年轻的同事们，你们即将奔赴新的市场，创造企业新绩效，在这"君子临行，赠人以言"的重要时刻，我祝你们一帆风顺！

这样的表述并不吸引听众，如果从"祝你们一帆风顺"的否定方向进行思辨则会产生别具一格的效果，如陈幸蕙在演讲《我不祝你们一帆风顺》中说：

我不祝你们一帆风顺，在我们即将分手道别的时刻。

作为一个与你们共处了两年的领导者，我又如何能以"一帆风顺"如此平淡、软性且曾被无数人使用过的，无关痛痒的陈词，来作为分手前这临别一握的祝福呢？

并不是风平浪静的阅历，不值得追求；并不是平坦易行、较少冒险的道路，便应刻意回避！只因为那样的成长历程，太少挫折、太少挑战、太少艰辛……

换言之，太少磨炼——在你们还如此年轻的时刻，在你们还如此充满阳刚气息的年龄，那实在完全不适合你们。更何况现实市场环境，本就需要我们不断去奋斗，去为企业的信念、目标和坚持，热烈地活出光彩来。

至于那止水一般、风浪俱息的宁静舒坦，还是留待中年以后再说吧！在你们职业的早晨，在你们扬帆待发的清晓，我并不祈求风暴远离，重担轻省，横逆减少。我只愿你们在迎面遇上这些不可避免的、挫人锐气的难题时，能有足够的勇气与智慧，去面对，去克服，去化解，去包容，像一个真正的强者，一个永不屈服的英雄。那样，当我们从艰困的成长中流汗流泪，扎扎实实地走过之后，有一天双脚站稳在市场之上，才能欣慰无愧地互告："生命像一段假期，让我们携手共享……"

这样否定式的思辨——不祝你们一帆风顺，再配上优美的语言，往往能够让听众产生直指人心的触动。

好的演讲设计，就像老师傅拆钟表一样，同样的零件交给你，因为缺少对钟表组装原理的了解，你组装不上，而老师傅则会利用"越界""逆反"这些组装原理把关键的哲理元素组装上去，提纲挈领地把所有的本质精华和关键零件集合起来。

哲理元素还可以与其他元素搭配使用，以幽默与哲理搭配为例，如比尔·盖茨在哈佛大学毕业典礼上的演讲：

拉德克利夫学院是个过日子的好地方。那里的女生比男生多，而且大多数男生都是理工科的。这种状况为我创造了最好的机会，如果你们明白我的意思。

可惜的是，我正是在这里学到了人生中悲伤的一课：机会大，并不等于你就会成功。

大多数人都会认为，在一个女比男多的环境下，是理工男追女友最好的机会，但结果却是不成功！先是使用夸张想象的幽默法，然后得出哲理意味的结论："机会大，并不等于你就会成功。"

苦：禁忌要素

无论是人物、事件，还是思想、行为都可能成为演讲的重要素材，关键在于找到听众的兴趣点，但也不能口无遮拦，要心怀禁忌。

演讲是一个影响听众的过程，对症下药才能保证效果。然而是药三分毒，有苦说不出；同样，说话、演讲的素材也不能乱用。有些演讲的素材还要讲究忌讳，就像中成药用药的"十八反""十九畏"，运用不当会产生副作用。

比如在老人的寿宴上讲话，不能谈人寿保险的好处吧？同事被派遣至国外工作，欢送致辞中能提"马航"失联吗？婚礼酒会祝词，能说下次还来捧场的话吗？显然这些都是"犯忌"的话。

演讲中的禁忌往往和时间、场合、对象、职务、角色相关联。一般来讲，禁忌的事儿都是一些敏感的世事、粗俗的丑事、自家的糗事、隐讳的私事和老掉牙的破事。

另外，与组织意识形态、宗教信仰等主流立场相悖的内容也不能讲。因为这类话题总是涉及强烈的个人立场，会引起激烈的争辩。

在从事宣传工作时，我所在的组织内部就有这样的纪律："研讨无界限，宣传有纪律。"宣传是对外部来讲的，讲究政治立场坚定，要求严谨准确、口径一致，严格遵守相应的法律、纪律、制度、规范，没有任何可发挥的余地。组织内部的研讨，是在相应时间、特定场合、明确主题下进行的，讲究百花齐放、百家争鸣。

对于演讲者而言，你面对的听众背景广泛，这就增加了判断的难度，很难判断什么该对外宣传，什么该对内探讨。所以，凡是敏感的事都不讲，也不失为一种智慧的选择。

如果在演讲中，确实遇到必须面对的敏感问题，则可从历史类似事件中进行过程分析，但是要记住言有尽而意无穷，保留与主流立场相悖的结论。这样，方能体现出演讲的分寸。

在演讲中涉及粗俗、猥琐、趣味低下的丑事，不但不能调节气氛，反而会让听众质疑演讲之人的素养。

在演讲中，听众关心的是你能给什么，而不是你是谁，演讲者自家的糗事对于听众而言不值一提。

一些有点名气的人，总是爱在演讲的第一时间直接或间接地炫耀自己是谁，或者是在出场前，在演讲现场的大屏幕上罗列自己所有的头衔，甚至时常不经意地爆料出与各界要人、名人、高人交往的经历。但是在听众看来，这些都不能证明你就是那样的人。

还有一些有生活情趣的人，总是把自己的家族成员、成长经历、健康状况甚至手术的情形作为一件动人的事来分享。坦白讲，如果你不是一位传奇人物，这些事儿并不能说明"传奇"二字。

自家的糗事要尽可能地避免，你越在乎自己的事，听众越不当回事；你越关注听众的事，听众越觉得你讲的是不可或缺的事。

人们对于隐讳的私事越来越重视，在演讲中涉及隐私不仅会让人尴尬，更会让听众厌烦，演讲者要避免这些内容出现在演讲场合。

如今不是缺什么就能讲什么的年代，而是隐私权大于知情权的年代。别人的特点都不能在演讲中进行调侃，所谓特点并不一定是指明显的缺陷。个头高矮、体态胖瘦、面容俊丑、皮肤润涩、收入高低、婚姻离合、孩子有无……不管别人再怎么在社交媒体曝光自己，我们都不能在演讲中进行调侃，这样做不仅是对听众的尊重，更是演讲者讲话的底线！

一些了无新意、陈芝麻烂谷子的事儿，更不应出现在演讲中，除非你有化腐朽为神奇的功力。要记住，越是老掉牙的破事，越难引起共鸣，更别说传承了。演讲者在演讲中用这些事情举例，就是在浪费听众的时间。

综上所述，讲敏感的世事招来祸，讲粗俗的丑事叫人损，讲自家的糗事讨人嫌，讲隐讳的私事惹人骂，讲老掉牙的破事让人烦——这些都不应该出现在演讲场，都是不该讲的事儿。

纵横捭阖语翩跹，禁忌常驻我心间。在演讲中还是多讲些能影响听众的正经事吧，把那些犯禁忌的故事收起来。

第六章

开场收结，说话有始终

开场导入就是为了吸引听众注意力，听众注意力的持续比唤起更重要。首因效应适合于演讲的开场导入，近因效应则有助于演讲的收结。听众对演讲末尾部分内容的记忆效果，优于演讲中间、开头部分。

开场方法一：巧用道具吸引听众

开场导入就是吸引听众注意力的艺术。余秋雨在《观众心理美学》中曾举例说明开场导入的价值。

一个女人躲在门后面听到另外两个女人在议论自己，一气之下动作过大，碰开了门，随后两个多嘴的女人大吃一惊。

作为讲故事的人是否需要告诉听众门背后的人正是被议论的对象呢？如果听众提前知道，那么两个议论别人的女人的每一句话都会引起听众的关注——既为躲在门后的人担心，又为议论别人的人担心，从而达到强烈吸引听众的目的。

如果听众之前不知道，门被碰开后听众也会大吃一惊，但是吸引听众关注的效果却不如提前知道的效果。

那么，作为演讲者，你在开场导入时，愿意用哪种方式开始你的演讲呢？

显然前者更好。在没有任何铺垫、毫无伏笔的情况下，突然出现令听众意想不到的情况，虽然也能在心理上产生足够的震撼，但听众的注意力被吸引的时间较短。听众知道得越早，他们的期待、选择、判断的主动性就越高，他们的注意力被吸引的时间就越久。

道具演示、悬念设疑是演讲中常用的两种经典开场方式。

道具演示开场，往往可以实现使听众提前知道的效果。道具可以分为图表道具和实物道具。

图表就是逻辑构思图，它可以通过演讲现场的屏幕呈现给听众。在导入过程中不断引导、讲解、演示这些构思图来达到吸引听众的效果。需要注意的是，那些无须讲解听众即能看懂的图表、照片，则很难产生吸引听众持续关注的效果。

所以，演讲者在制作图表道具之前，一定要力求这些图表道具首先能够打动并吸引自己，才可以考虑在现场演示。《纽约时报》曾做过一项竞选调查，选民通过电视来了解某个候选人，那么投入多长时间的关注就能决定要不要投票选他呢？调查结果显示为14秒。候选人如果不能在开头以最短时间吸引选民的首度注意力，就意味着丢失选票。同理可证，演讲现场听众宝贵的首度注意力，一旦被引入一个非常勉强的情境中，很快就会分散，难以补救。

实物道具也可以引起听众的注意，但是演讲者不能只是将实物道具拿在手里，而要比画、操作、演示。如：

很高兴能参与××企业供应商年终庆典大会，大会给予我们一个彼此相聚的机会，一个展望新年的机会。更让我感到激动的是，主办方还送给我一份礼物（掏出红包），你们猜这里面是什么？

当然不是钞票！你们看（慢慢地打开红包，抽出福利彩票，举过头顶）——是彩票！

这张福利彩票，也许可以让我中大奖。感谢××企业，你们的礼物让我有了无限的期待。可是你们知道吗，在新的一年，我最期待什么？

我最期待的就是……（双手撕碎彩票，然后扔在地上）

就是这样——放弃侥幸，用实实在在的行动，去探索新的积累财富的方法，开拓新的发展趋势。

这就是我新年最大的期待！

上例演讲中的道具——彩票的出现，吸引听众将注意力聚焦在彩票和撕碎彩票的动作上，这就是典型的道具演示。这样的演示会给听众留下强烈的印象，甚至演讲结束后听众依然会记得那撕碎的"侥幸"。

实物道具的使用，以与演讲情境格格不入，形成反差为佳。我们以某届"中国经济年度人物"颁奖典礼上的情境为例。

某获奖嘉宾手握一把榔头走上颁奖台，引起了现场所有听众的关注，迅速集中了人们的注意力。他的获奖答谢致辞是这样的：

十几年前，我去德国参加展览，为了固定展台就去超市买榔头。

当地的售货员问我："先生，您要质量好的还是要质量一般的？"我说："当然要最好的！"

她说："要最好的，就买我们国家产的，进口货质量一般都不太好。"

这句话刺激了我，我带回了这把榔头。十几年来，这把榔头让××集团明白了两个道理：第一，只有做最好的产品才能让"中国制造"在任何时候都能一锤定音；第二，只有做最新的产品，才能让"中国制造"受到全世界的尊敬！

从开场导入的设计来讲，一把与现场气氛格格不入的、不伦不类的榔头，迅速担负起了激发听众首度注意力的职责。内容表述上又将道具与主题结合，现身说法，阐述原理，凸显了本土企业家要让世界向中国致敬的雄心壮志，带给听众们全新的感受和启示。

演讲者也可以选择上场后在现场抓取道具进行演示。

在某届音乐风云榜年度盛典上，最受欢迎女歌手上台领奖时说：

我拿到了这个奖，非常感谢我的歌迷！你们都像星星幕上的星星一样（手指幕布），虽然不是最闪亮的，但是一抬头你们就在我身旁。

在这个案例中，幕布上的星星成了道具，这要比现场拥抱歌迷更传神、更写意，这是现场抓取道具的经典之笔。

"倘若无力使听众的注意力保持下去，那么开头时的声势反而会成为一种自我嘲弄。"[1] 引起听众的注意后，如果处置不当，听众的注意力很快就会分散。因此，对于演讲者来说，维持听众的注意力比唤起听众的注意更重要。

---

[1]　余秋雨：《观众心理美学》，现代出版社，2012年，第119页。

开场方法二：烧脑竞猜设悬念

也许在大多数人看来，有意义的演讲远远比有意思的演讲更有价值。这并不奇怪，人要相信自己做的事情、听的内容，活得才踏实。但是"有意思"的生命力、注意力往往比"有意义"更长久。

有意义没意思的演讲，也许慢慢就没了意义，而且永远不会有意思；没意义有意思的演讲，很可能一直有意思。设置悬念就是让你的演讲有一个有意思的开场。

悬念设疑并不复杂，你只要将问题的提出和问题的解决拉开时间距离，让听众的注意力在这个时间距离内保持住。这就是戏剧界常说的老话："使人想不到、猜不着，便是好戏法、好戏文。猜破而后出之，则观者索然，作者赧然。"说白了就是不时地让听众猜不到——演讲者暗示的事儿远不是接下来要讲的。

在非洲南部奥兰治河流域，动物学家对生活在河两岸的羚羊群进行考察时发现：生活在东岸的羚羊，无论是繁殖能力还是奔跑速度都比西岸的要强、要快，在种群、环境、食物都相同的情况下，为什么会有这样的差异？专家们百思不得其解。

动物学家们接下来又做了这样的试验，在河东西两岸各捉了10只羚羊送到对岸。结果不到一年，被送到西岸的羚羊繁殖到13只，而被送到东岸的只剩下2只。

终于，这个谜底被揭开了——在东岸的羚羊附近生活着一个狼群。但是不到3年，东西两岸的羚羊差异消失了。

原来，奥兰治河部分河段断流，裸露的河床成了跨界的桥梁。

今天，我和大家分享的主题就是：企业跨界发展机遇与挑战。

不到300字、不足两分钟的导入，牵出了主题——企业跨界发展机遇与挑战。这个导入在问题的提出和问题的解决之间，拉开了距离，具体表现为：提问—提问—回答—再提问—再回答。

为保证120秒内吸引听众注意力，"悬"起了听众三个"念"：

一是东、西两岸羚羊差异之"念"；

二是交换后种群数量反差之"念"；

三是不到3年两岸羚羊群差异消失之"念"。

不断"设悬"而引发听众"起念"，让听众跟在演讲者表述的后面不断地猜，猜不到，跟着走，还是猜不到，继续跟着走，最后答案揭晓。

然而问题又出来了。

如果在开场导入中，听众完全猜不到演讲者的答案，还会不会跟着猜下去？

听众"兴趣的产生在于'似乎依稀有路'与'路途并不明确'这两者之间。恰如黑夜踽行，如果伸手不见五指，就完全失去了探寻路途的希望和可能，那也就谈不上探寻的欲望和专注了。只要给予一线光亮，无论是黑暗天际的一道微曦，还是黝黝丛山间的一盏孤灯，还是数里之外的一堆野烧，都会给夜行者带来生机和兴味"[1]。因此，演讲者设置的悬念不能让听众完全猜不出来。毫无依据地猜只会耗费听众的精力，多少透露点内幕，就会促使听众产生相对长一点儿时间的"焦急"。

所以开场导入要防止走向两个极端：一是无悬无念，一览无余；二是有悬无念，彻底保密。

"要打头不打尾"，这是京剧表演艺术中的一句行话。表演艺术与演讲艺术两者是相通的。演讲开场导入就是这样一门艺术，目的是给听众留下很深的印象，使他们有兴致看下去、听下去，越看越觉得好，越听越觉得妙。

演讲导入如果只是意义崇高，意思乏味，没有人想继续听下去，即使后面内容再好，也很难弥补开场的虚弱。

---

① 余秋雨：《观众心理美学》，现代出版社，2012年，第120-121页。

常用的三种讲话收结方式

　　人的思维速度至少能达到 600 字 / 分钟，但一般人的语速却只在 150 字 / 分钟左右。人脑每秒钟有意识处理的信息量约为 126 个神经比特。如果以平均阅读速度 200 字 / 分钟来计算，就相当于每秒处理 40 个神经比特的信息，这就意味着大脑每秒钟有 80 多个神经比特的空间未被利用。也就是说，当过剩的脑力资源无法存储重要的信息，相反会被其他无关紧要的信息占据。所以，我们在听讲座、报告会时常出现走神、注意力不集中，或者记不全演讲内容的现象。

　　演讲收结的作用就是将"走神儿"中的听众唤回来，强化讲话内容的印象，补记忆的空缺，为接下来激发他们的行动做准备。

　　我们以实例做个简单的分析：

　　某公司举办题为"清梦·生发"的新年客户联谊会，现场四位主持人晓东、云明、冬梅、傅桂霞，分别来自不同合作单位。联谊会结束前主办单位的领导者做了联谊会总结致辞。

各位来宾，大家好！

非常感谢兄弟单位，为本次联谊会带来的睿智的思想分享，和精彩的视觉盛宴，以及精心打造的演出节日。

今天是一个非常有纪念意义的日子——1月23日，它代表着一生二、二生三，这个日子暗含着生发的启示。

没有人会想到过去的2020年如此跌宕起伏。突如其来的新冠肺炎疫情为事业和生活按下了暂停键，企业与家庭面对的挑战纷至沓来。面对新的一年，我们要为生存重新打拼，更要为共同的进步生发付出行动。

我们要让事业生发，从熟悉的商场向着更广阔的市场转型；我们要让企业生发，从原有的成就向着转型升级（的方向）探究。

但是生发最忌过剩，它会导致损耗。例如，货币过剩会造成价值贬损，欲望过剩就会导致自身的消耗，产品过剩就会导致利益亏损。

生发重在创造，而创造已经在你们中间显现。刚才的时装表演，创意的设计给我们带来了感悟：

如果用面料遮羞，那么你就是个文明的人；如果用树叶、塑料瓶、羽毛球遮羞，那么你就是个环保的人。如果你用知识、创造遮羞呢？

用知识遮羞，你就是个富足的人；用创造遮羞，你就是个自由的人。创造让我们生发不息、自由自在！

今天，联谊会的主题是"清梦·生发"，但是要把它拆开来，就是水青林夕促生发！

这样的主题也是在启示我们面对未来：

新春佳节即将到来，我送给大家一副对联。

上联：雨过云明扶闰霞

下联：冬梅花开映晓东

横批：清梦成真

以春联做收结，呼应的是元旦后春节前的时间；以上下联做收结，呼应的是四位主持人名字的串联；"水青林夕促生发"既是对联谊会主题的呼应，也是对总结致辞主体（生发）的响应。时间背景、会议主题、主持人名字、致辞主体等四维呼应，都是为了一次次唤起听众的记忆。呼应本身就是重复的过程。

利用心理学上的近因效应，也有助于我们做好演讲收结，让我们找到着力点。如果说首因效应适用于演讲的开场导入，那么近因效应则有助于演讲的收结。因多种刺激出现而形成的印象，主要取决于最后的刺激，这就是近因效应。利用近因效应能促进听众记忆最后发生的事，进而留下深刻的印象。

听众对演讲末尾部分内容的记忆效果，优于演讲中间和开头部分内容的现象，从本质上说就是听众的心理适应与钝化。

演讲者通过演和讲给听众带来的心理刺激会发生由敏感到不敏感的钝化，这种钝化直接造成记忆的"浅"。

如果说呼应式收结是解决记忆的"缺"，那么概括式、感召式收结就是解决记忆的"浅"。

概括式收结是将演讲中的思想意蕴、故事情节，通过浓缩、精练、简化，使内容分外醒目，令听众振奋。浓缩、精练、简化，这与演讲中间部分的稀疏、翔实、繁复形成对比、轮转与反差的效果，增加了演讲在听众心里的分量。

感召式收结是让听众感知、接受演讲内容后，在内心产生与演讲者相似的情感，产生感同身受、同频共振的效果，收结时将这种情感共鸣与演讲者号召的行动相结合。

　　被感动的听众，往往会自觉地带着热情投入演讲者号召的行动中。无论是呼应式收结，还是概括式、感召式收结，最重要的是通过给听众带来新奇感，从而影响他们的行动。见图 6-1。

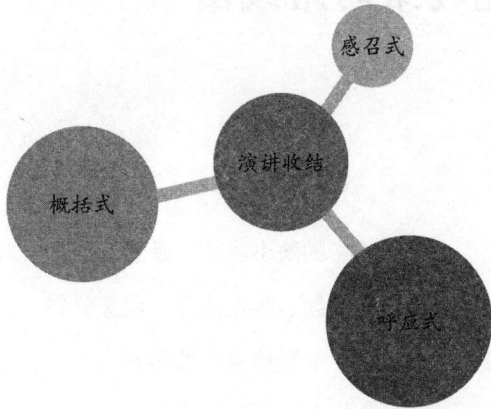

图 6-1　演讲收结的几种方式

精彩响亮收结的路线图

新奇、响亮、深刻、精彩的演讲收结，是怎么创作出来的呢？

一般分八个步骤：聚焦问题、界定成形、收集材料、尝试破坏、跨界回望、搁置酝酿、灵光显现、重复检验，见图6-2。

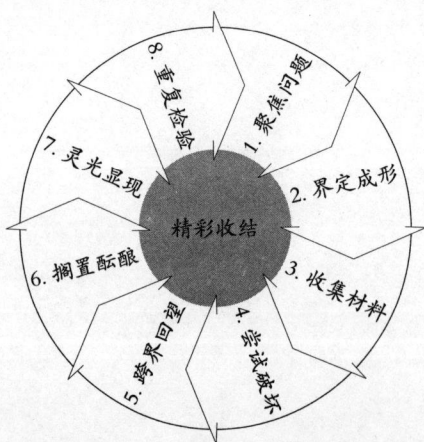

图6-2 收结的八个步骤

聚焦问题。思考以什么样的结论来结束演讲,这样的结论是不是有人使用过。如果有人使用过,那么在空间、人群变更的情况下也会有新鲜感和震撼力,重复使用的、别人的演讲收结,并不等于广大听众重复观看,不要担心新奇的收结只能发挥一次性的魅力。

界定成形。理想的结尾可以是把原有的内容做出重新组合。要记住创新没有多少是"原创",绝大多数的创新,都是旧要素的新组合。想想智能手机也好,无人机也罢,它们具备的哪项功能是原创的呢?不都是在原有功能上的另类集成吗?演讲的结尾何尝不是如此?只有组合还不足以成形,你的想法要通过某些事物来达成,这个"形"可以是逻辑、引言、手势、道具,也就是我们说的建筑图纸。

收集材料。在你力所能及的范围内,去收集尽可能多的材料。没有大量材料的积累,很难找到精彩的解决方式。新奇、深刻、响亮、出彩的结尾,都是建立在大量材料收集的基础上。这就像一位专业的厨师,好厨艺都是拿食材"喂"出来的。在收集材料的过程中,首先,要保证材料能吸引你,让你由无知到有知;还要保证材料能感染你,能感染你的才是演讲场上可传递的。其次,尽可能少在网络上收集,因为那样会让你很难超越听众原有的知识水平;演讲收结如果涉及专业的问题,最好去提出问题的原著中寻找答案,或者去专业、前沿期刊上寻找材料。

尝试破坏。破坏原有的方案,在破坏中寻找新的突破点或者联系。比如,在你收集的材料中让数量加倍或减半,或替换一部分,或重新润色、精简、放大,或用不同方法进行分类,重新包装。创造有时是从违规和破坏开始的。

跨界回望。把先入为主的收结放到一边,熟悉的过程总是会让你得出不变的旧结论,因为收结已经被你程式化了。苹果在农夫那里永远是农作物，在病人那里是营养品，在牛顿那里是实验品，在乔布斯那里呢？是电子产品。关于演讲收结的答案，可能恰好来自户外运动后的回望。

搁置酝酿。先放下已有的收结，让紧绷的神经松弛下来，做些能让大脑重新组合的事情。广告人大卫·奥格威曾经说过，你必须给你的下意识指令，然后关掉你的思想过程，等待某种东西。

灵光显现。这一过程与我们大脑处理信息的过程相似，就像你能使用你的下意识把演讲结尾的信息归入模式中一样，所以你也能使用下意识故意打破那些模式而发现新的组合。

重复检验。成形的收结已经出现后，还要继续检验它，看看这是不是你想要的，而且它是不是已经解决了你的问题。然后可以继续多次地、重复地修正或改进它。精彩的演讲没有一次就能写出来的，不断地修正，直到你登上讲台的那一刻。

当你沿着这八步创作的路线图走过，接下来就可以走上演讲台，向听众展现你的完美收结了。我相信，听众的掌声会响彻一片！这是每一个用心准备的演讲者所应得的。

第七章

巧妙构思，说话明逻辑

思维的初级状态，总是用图形符号来表现的。说话或者演讲的构思也可以用图形符号来表达。图形符号就是演讲稿，而且是一份不易忘却的稿子。不同类别的问题用不同的图形来表示，图形还能引导我们进入深层次的思考。

画出你的演讲思路

在各民族的文明发展史中都有一个共同之处——图腾、图形、图案、图画往往成为文明传承的载体。河图洛书、八卦之类的图形就像一位忠实的演讲者，穿越千年历史来到今天，向人们演绎着远古的故事。

在考古史上，岩画的产生时间早于文字的发明。我们是先有图、画之后，再发明的文字，这是世界公认的。我国的汉字也和图、画有关，属于象形文字。有的民族区域从未发明过文字，只通过图与画的记录，实现文化的薪火相传。

在教育孩子的过程中也有这样的状况，我们一般先教孩子识图，然后再教孩子认字。

这是为什么呢？只是因为图、画更立体、形象，容易记忆吗？

有人推测，可能是人的大脑对图形容易一见钟情。相反，文字所表达的信息相对图形而言，更精准、写实，不太容易发挥。

那么，为什么不把演讲稿用图形表现出来呢？这样既便于记忆，又容易做出自我的演绎和诠释。特别是对于那些总是被恳请做指示、提要求的领导者而言,当你准备时间不足,而又必须做长时间的讲话时,怎么办呢?

那么,就画出你的演讲稿吧!

首先,从图形锁定问题开始。演讲中经常涉及的问题主要有四类,即"是什么""为什么""怎么做"和"区别差异"。这些问题基本涵盖了演讲的大部分内容。

不同类型的问题,要采用不同方式构思图形。"是什么"的问题采用空间构思图形,"怎么做"的问题采用时间构思图形,"为什么"的问题采用矩阵构思图形,"区别差异"的问题采用对比构思图形。

接下来,我们将演讲稿用图形表现出来,图形成型的过程也是分步骤的。

我们看下面的一个案例:

行长办公会决定,在"新职对公业务经理经验交流会"上,由你做以"常见假票据的识别"为主题的演讲,要求用两分钟说清什么是假票据。你收集到的假票据的特征有:

(1)票据底部磁码不具有磁性;

(2)数额特别巨大;

(3)印刷特别精美、光滑;

(4)印刷粗糙、字体模糊不清或字体使用不统一、有涂改痕迹;

(5)以不存在的银行作为出票行;

(6)可提交的大批量票据。

如何将枯燥的专业知识讲得出彩呢?你需要这样做:

第一，归类。

针对上述六条内容，将逻辑意思相近的归为一类。见表7-1。

表7-1　按逻辑分类

第一类	第二类	第三类
（1）票据底部磁码不具有磁性 （3）印刷特别精美、光滑 （4）印刷粗糙、字体模糊不清或字体使用不统一、有涂改痕迹	（2）数额特别巨大 （6）可提交的大批量票据	（5）以不存在的银行作为出票行

第二，概括。

用名词或代表名称的语句，总结每一类的内容。见表7-2。

表7-2　对内容进行概括

票面	数量	空壳
（1）票据底部磁码不具有磁性 （3）印刷特别精美、光滑 （4）印刷粗糙、字体模糊不清或字体使用不统一、有涂改痕迹	（2）数额特别巨大 （6）可提交的大批量票据	（5）以不存在的银行作为出票行

第三，找特质。

对概括的每一类内容，找出其特征、特点。见表7-3。

表7-3　内容特质

票面	数量	空壳
印得假	数量大	空架子
（1）票据底部磁码不具有磁性 （3）印刷特别精美、光滑 （4）印刷粗糙、字体模糊不清或字体使用不统一、有涂改痕迹	（2）数额特别巨大 （6）可提交的大批量票据	（5）以不存在的银行作为出票行

第四，寻关联。

用一句话将类别之间的关联性找出来。如"票据凭感觉，数据要警觉"。

第五，图形呈现。

演讲发言的题目《什么是假票据》，即"是什么"的问题，用空间构思图形，表明要素之间呈并列关系。见图7-1。

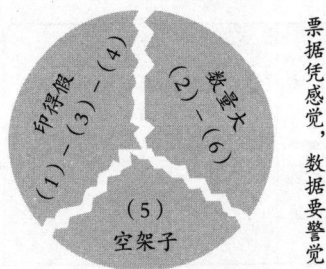

图7-1　用图形表明要素之间的关系

根据图7-1，你可以做如下发言：

今天我要与大家分享"常见假票据的识别"。

要想识别假票据，我们就得先知道什么是假票据。为了便于记忆，各位同事只需要记住三个字，那就是：假、大、空！假票据总是围绕这三个字做文章。

假，是指票据印刷质地有假。体现在票面磁码无磁性、表面光滑没有凹凸手感、字体模糊不统一等。

大，是指数量大。即票据金额巨大和票据批量大。两个"大"加在一起就是太大，当涉及一个"大"时，就要引起我们的警觉。

空，是指不存在的、空壳的出票银行。

识别票据的假、大、空，关键在于要凭感觉发现票面印制的问题，在票据内容上保持警惕性。

我总结一下这次发言，叫作"票据凭感觉，数据要警觉；证据要核对，识假有自觉"。

近290个字，用时两分钟的迷你演讲，就这样完成了会议的要求。

也许有人会说，为什么不把原来的文字资料念给大家听呢？

没错，这是个好主意。但是如果把原来的文字直接朗读给大家听，那么演讲者的价值在哪儿呢？如果演讲者讲的与听众读到的一样，那么还需要演讲者吗？演讲者充其量就是个复读机。

演讲口才在某种意义上代表了你的思维加工才能。这种才能就是让人听了演讲发言，更容易记忆，更能深刻理解，更愿意付诸行动，这就是演讲口才的价值所在。你讲的内容要超越原有的文字，才能彰显出你的价值。

当然，空间构思的图形并不是唯一的。不同的人解析问题的思维千差万别，而且图形构思本身就是一门艺术，艺术是多样化的。

我们还以"假票据"为例，再次按照"归类—概括—找特质—寻关联—图形呈现"的步骤，重新建模：

第一，归类。见表7-4。

表7-4　内容归类方案

第一类	第二类
（2）数额特别巨大 （5）以不存在的银行作为出票行 （6）可提交的大批量票据	（1）票据底部磁码不具有磁性 （3）印刷特别精美、光滑 （4）印刷粗糙、字体模糊不清或字体使用不统一、有涂改痕迹

与上文的方案归为三类不同，原始文字内容在本方案中归为两类：

（2）、（5）、（6）是一类；（1）、（3）、（4）是一类。当然，无论归为几类，都没有标准答案，毕竟每个演讲者的理解都会有差别。在这个步骤中最容易犯的错误，就是预先设定归类数量。

预先设定归类数量，往往就形成了精神的枷锁，完全限制住了你的思维，使你不得不把原始内容，硬填充到类别方格中，这种做法是最要不得的。

第二，概括。见表7-5。

表7-5　内容概括

里	表
（2）数额特别巨大 （5）以不存在的银行作为出票行 （6）可提交的大批量票据	（1）票据底部磁码不具有磁性 （3）印刷特别精美、光滑 （4）印刷粗糙、字体模糊不清或字体使用不统一、有涂改痕迹

概括不能违反概念的同一律原则，概括语的内涵和外延不能重合。

第三，找特质。见表7-6。

表7-6　内容特质

里	表
弄虚	印假
（2）数额特别巨大 （5）以不存在的银行作为出票行 （6）可提交的大批量票据	（1）票据底部磁码不具有磁性 （3）印刷特别精美、光滑 （4）印刷粗糙、字体模糊不清或字体使用不统一、有涂改痕迹

第四，寻关联。

票据的表面与内容的关联结论为：表里不实，虚假有据。

第五，图形呈现。见图7-2。

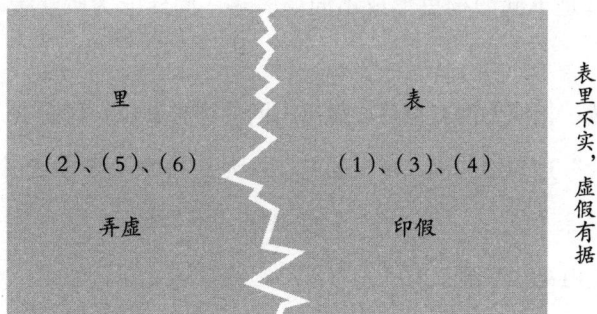

图7-2　图形呈现

演讲内容可以表达为：

今天很高兴与大家研讨"常见假票据的识别"的问题。

表里有诈，弄虚作假，是假票据的本质特征。票据其表、其里，就是作假、识假的主战场。

假票据首先表现在票面的制假、印假上。

这里的假我们叫作太精、太粗、太离谱。太精是指印制太精美，票面光滑缺少凹凸感；太粗是指印刷得较粗糙，字迹模糊有涂改；太离谱是指印制磁码不具有磁性。太精、太粗、太离谱，归纳为太假。

假票据其次表现在票据内容虚伪设置上。

这里的虚我们叫作虚无缥缈的开票行——根本不存在的银行做开票行；虚有其里的大金额——票据金额特别巨大；虚张声势的大批量——提交大批量的票据。

不管弄虚作假者如何煞费苦心，只要我们严格把握好识假的依据，掌握好制假的证据，就能为打击银行假票据做出新贡献。

这就是不同的构思形成不同的表述，同样能为听众带来影响力的演讲。

当然，相同的内容也可以做出不同的构思解析。我们以"不孝有三，无后为大"这句话为例。东汉的赵岐认为，"于礼有不孝者三事，谓阿意曲从，陷亲不义，一不孝也；家贫亲老，不为禄仕，二不孝也；不娶无子，绝先祖祀，三不孝也。"

说不孝有三，父母有过错而放纵他们，不去劝说、制止，让他们陷入道德层面的不义之中；家境贫穷父母年迈，当子女的不求职挣钱赡养父母；不娶妻育子，断绝家族祭祀。当然，这只是我们对古代观点的解读，并不代表笔者的观点。

如果我们认为这阐述的是"什么是不孝"的问题，那么就可以运用空间构思。见图7-3。

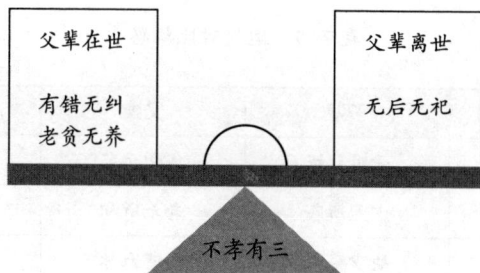

图7-3 运用空间构思

如果我们认为这是"怎么不孝"的问题，那么就可以运用时间构思。见图7-4。

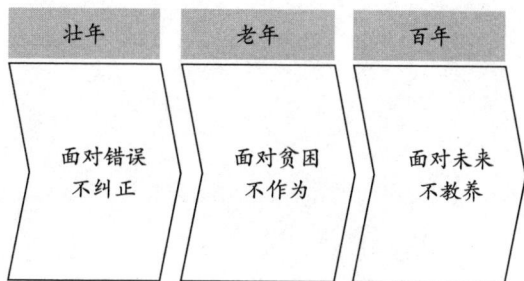

图7-4 运用时间构思

如果我们认为这阐述的是"长辈与小辈的不孝差异"的问题，那么就可以运用对比构思。在钱文忠教授看来"孝"字是由两个字组成的，即

"老"和"子"。儿女的不孝，责任完全在于父母的不教，所以"不教"是父辈的"不孝"。总结内容见表7-7。

表7-7 运用对比构思

	子辈	父辈	结论联系
为人处世	旁观放纵	负向示范	无视
家境贫困	少无所获	老无所积	无情
未来境遇	缺少祭祀	断绝血脉	绝情

综上所述，演讲的思路完全可以用图形来表现，关键在于你怎么看待问题。识有不同，形则相异。

"是什么（谁）"的问题构思

空间构思是解析"是什么（谁）"的问题，要素之间呈并列关系。这种构思是四类构思当中最常用的。

有一个有趣的现象，在教育界的教材中，这种逻辑构思应用得较多；相反，在企业界的教材中，往往是讲"怎么做"的时间构思应用得较多。从逻辑构思的角度分析就能诊断出为什么学校的"产品"总是被企业退货——只知道"是什么"的"驴唇"，往往对不上"怎么做"的"马嘴"。

空间构思解析的要素数量不宜太多，以三四个为宜，但不要超过七个，否则就会增加听众记忆的难度。

我们以下面的演讲词为例，解析一下它的结构：

"君子生非异也，善假于物也！"成功的团队领导者并非有什么特异功能，而是善于借助团队中一切可整合的力量。员工的力量是无穷的，他们的力量为领导者所用就能达成团队的目标。向员工借，他们会给吗？有人说"请将不如激将"，这里的"激"可不是用话语去激，不是所有的员工都是鲁莽的英雄，一言就能激活。最好的激活在于"弱"——示弱于人，示弱不是真弱，逞强就能真强，要懂得用示弱借来员工的"强"。上级领导者也是我们最好的资源，但你想要的他怎样才会给？他愿意给的，往往都是你帮他做的、他想要达成的目标。要想让上司借给你资源与力量，少去反对他的决断，而要理解他、支持他落实好决断。你帮助他，他就会借给你；你协助他，他就会委托你。团队之间的合作也是借力借智的好时机。但职务相当、级别相同，凭什么让你借？有交换就会有交易，有妥协就会有和谐。你在这件事让一步，他就会在那一事上给一力。作为团队的领导者，很多时候努力不如借力，拥有资源的往往不如整合资源的。领导者的首要工作就是整合别人的资源，这就是"借"。

上述演讲词讲的就是向谁借、用什么方法借的问题，这是典型的空间构思。确定好问题类别，接下来就可以开始五步建模。

第一步，归类。

将逻辑意思相近的归为一类。见表7-8。

将"戴帽穿鞋"的开头、收尾去掉，主体内容就归成了三类。

第二步，概括。见表7-9。

三类分别概括为"向下属借、向上级借、向平级借"。

第三步，找特质。见表7-10。

对上级奉献，就会得到他的支持、帮助；对平级妥协，就可以得到他的欣赏、赞同；对下级示弱，就能够得到他的认同、全力以赴。

第四步，寻关联。

借，团队领导者的核心才能。

第五步，图形呈现。

表7-8　将内容逻辑进行归类

第一类	员工的力量是无穷的，他们的力量为领导者所用就能达成团队的目标。向员工借，他们会给吗？ 有人说"请将不如激将"，这里的"激"可不是用话语去激，不是所有的员工都是鲁莽的英雄，一言就能激活吗？ 最好的激活在于"弱"——示弱于人，示弱不是真弱，逞强就能真强，要懂得用示弱借来员工的"强"。
第二类	上级领导者也是我们最好的资源，但你想要的他怎样才会给？他愿意给的，往往都是你帮他做的、他想要达成的目标。 要想让上司借给你资源与力量，少去反对他的决断，而要理解他、支持他落实好决断。 你帮助他，他就会借给你；你协助他，他就会委托你。
第三类	团队之间的合作也是借力借智的好时机。但职务相当、级别相同，凭什么让你借？有交换就会有交易，有妥协就会有和谐。 你在这件事上让一步，他就会在那一事上给一力。

表7-9　概括内容

向下属借	员工的力量是无穷的，他们的力量为领导者所用就能达成团队的目标。向员工借，他会给吗？ 有人说"请将不如激将"，这里的"激"可不是用话语去激，不是所有的员工都是鲁莽的英雄，一言就能激活。 最好的激活在于"弱"——示弱于人，示弱不是真弱，逞强就能真强，要懂得用示弱借来员工的"强"。
向上级借	上级领导者也是我们最好的资源，但你想要的他怎样才会给？他愿意给的，往往都是你帮他做的、他想要达成的目标。 要想让上司借给你资源与力量，少去反对他的决断，而要理解他、支持他落实好决断。 你帮助他，他就会借给你；你协助他，他就会委托你。
向平级借	团队之间的合作也是借力借智的好时机。但职务相当、级别相同，凭什么让你借？有交换就会有交易，有妥协就会有和谐。 你在这件事上让一步，他就会在那一事上给一力。

表7-10　寻找内容特质

向下属借	示弱能借	员工的力量是无穷的，他们的力量为领导者所用就能达成团队的目标。向员工借，他们会给吗？ 　　有人说"请将不如激将"，这里的"激"可不是用话语去激，不是所有的员工都是鲁莽的英雄，一言就能激活。 　　最好的激活在于"弱"——示弱于人，示弱不是真弱，逞强就能真强，要懂得用示弱借来员工的"强"。
向上级借	奉献会借	上级领导者也是我们最好的资源，但你想要的他怎样才会给？他愿意给的，往往都是你帮他做的、他想要达成的目标。 　　要想让上司借给你资源与力量，少去反对他的决断，而要理解他、支持他落实好决断。 　　你帮助他，他就会借给你；你协助他，他就会委托你。
向平级借	妥协可借	团队之间的合作也是借力借智的好时机。但职务相当、级别相同，凭什么让你借？有交换就会有交易，有妥协就会有和谐。 　　你在这件事上让一步，他就会在那一事上给力。

图7-5就是上述演讲文字稿的逻辑构思图。

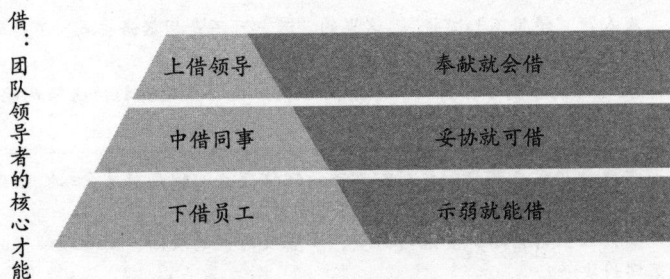

借：团队领导者的核心才能

上借领导　　　奉献就会借

中借同事　　　妥协就可借

下借员工　　　示弱就能借

图7-5　逻辑构思图

　　其实，成熟的演讲者往往是提前在脑海中构思好图形，上场即兴组织语言演讲。图形承载的信息需要使用语言文字进行层层阐述，你阐述的层次越多，解析说明得就越透彻。

在演讲中，我们可以根据画好的图形来做深入的阐述。见图 7-6。

图 7-6　根据图形深入阐述

这是一个空间构思图，展示出企业的大事是由企业文化的传承和业务
市场的开拓组成的。我们可以根据这个图形来现场组织语言，如：

"国之大事，在祀与戎"，一个国家的大事无外乎祭祀与军事。如果
我们把企业放大为一个国家，就会发现企业的大事，就是企业文化的传承
和业务市场的开拓。

将这个通过空间构思画出的图形和引言相结合，我们就能做出一个很
好的演讲导入。接着我们可以用另一个类似图形延伸这个内容。见图 7-7。

图 7-7　用图形延伸内容

企业文化对于一家企业的重要性不言而喻。但是，在企业文化建设中，很多企业面临着有"文"没"化"的尴尬：公司决策层对企业文化培育高度关注，投入了大量的精力和经费。在企业内部针对不同位置、不同岗位贴挂了很多反映企业文化内容的标语牌，还创办了专门的企业文化网站，制作了企业文化白皮书，通过这些工作努力去创造一种浓厚的企业文化氛围，让所有员工都感到企业文化的"文"无处不在。但是，如果企业文化只停留在"墙上""嘴上"，则虽有其"文"（口号）却难成其"化"（转化）。

接下来，可以针对企业文化相关问题进行呈现。见图7-8。

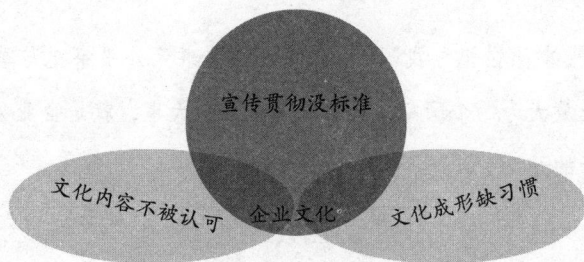

图7-8　对问题进行呈现

企业文化有其"种"却很难生"根"，更不要说开"花"。那么，该如何"转化"？如何"开花"？企业文化落实难在哪里呢？我们不妨来分析一下，企业文化的转化与发展无外乎容易在三个方面出现问题：

文化内容不被认可。企业文化是企业核心员工的文化，但文化本身不被核心员工认可，为落实设置了障碍。

宣传贯彻没标准。在企业中缺少对企业文化持续的宣传贯彻，很难找到企业文化发展落实的标准和方式。

文化成形缺习惯。文化成果的转化"不缺钱"，"就缺习惯"，企业文化通过员工的行为改变来体现，而这种改变是符合文化要求的，改变后的行为得是可重复的，进而形成职业习惯。

怎样才能保证企业文化转化落实呢？我们总结出育文化之种、养文化之苗、赏文化之花三个举措（见图7-9）。

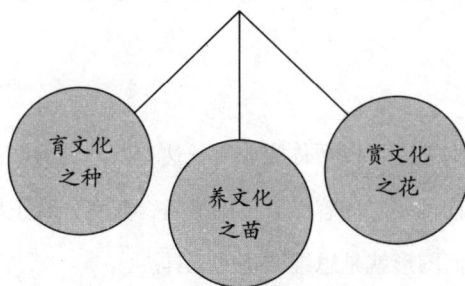

图7-9　企业文化转化的三个举措

育文化之种。为了提升员工对创建企业文化的参与度，不妨在企业中广泛开展"文化总结提炼"征集活动。发动员工对所在企业、部门、班组文化进行总结提炼，既可以加强员工对创建企业文化的参与度，又可以让员工通过总结提炼得到接受企业文化教育的良好机会，统一对企业文化的思想认识。通过这样的征集活动，评选出与企业经营发展相匹配的、被广大员工所接受的文化内容的种子。

养文化之苗。选拔各类企业文化标兵，标兵不一定是各方面都优秀的，任何一个普通员工，只要他身上有某一方面的发光点，是企业文化所提倡的，那他就可以做这一"点"的标兵。这样的标兵可以很多，不是高不可攀，而是触手可及。如果标兵的标准是"死"的条条框框，那么员工参与评选就会缺乏动力。对员工来讲，更好的企业文化标兵就是他们身边的同事。

赏文化之花。有了对文化的认同和标杆的带动，接下来要加强对员工的鼓励和引导，引导他们查找自身与各类标兵之间的差距，向身边的标兵学习，形成自然而然地模仿标兵的工作方式方法，逐步养成企业文化所倡导的、能够创造组织绩效的行为习惯。员工习惯之花是企业文化落地生根最好的诠释。

这四张空间构思图可以帮你完成时长达七八分钟的演讲。很多演讲者总认为每次演讲前都要对内容做大量的准备，其实，真正应该精心准备的只是思维本身，而图形就是思维准备的工具。

"怎么做"的问题构思

时间构思用来阐释"怎么做"，演讲内容包含的要素之间有明显的时间先后、逻辑递进的顺序，要素的数量都在三个以上。

我们以"寿险销售人员培训五步法"为题进行建模。它是一个关于"怎么做"的问题，既然是"步法"，就有先后顺序，找准起步，以此类推就能找到构思模式。

一是归类。

我们假设从"激活"开始，从员工参加学习、培训的兴趣入手。兴趣是最好的老师。激发学习兴趣以后，老员工或寿险企业的内部教练就开始传道、授业、解惑了，我们把这些内容归为一类，叫作传授，即：说给员工听，做给员工看，让员工现场模仿、尝试着做。

在传授知识、技能的过程中，员工也在模仿企业教练。下一步企业教练就得对员工模仿、试做的准确性做出评价，并在下面的模仿过程中对员工进行示范和纠正，我们把企业教练对员工第一遍试做的评价和接下来的示范纠正，统归为一类，叫作校正。

传授到校正这一过程可以多次循环。但是多次循环、重复都是为下一个步骤做准备的，这个步骤是养成习惯的过程，称作习惯。习惯养成，并不是培训的终点。组织培训不只是为了让员工通过培训能按要求完成任务，产生绩效，更希望通过培训让员工能够突破自己。当一位员工经过培训能够比其他同事做得更精、更快、更好的时候，那才达到了培训的终极目标，我们把它称为"创造"。

这一过程就是演讲的前期构思过程，我们把它画成图形。如图 7–10 所示。

图 7–10   演讲的前期构思过程

我们可以根据这个构思图形，做如下的语言组织：

寿险组织的培训，是围绕"员工为组织带来新绩效"的目标展开的。那么怎样达成这个目标呢？我们分成五个步骤：

第一步，激活。就是要利用员工的特点，把行政要求的"要我学"，通过兴趣激发、热情鼓励，形成员工思想上的感召和意识上的认同，解决员工的意愿问题，变为"我真的很想学"，为接下来的行动落实做好心理准备。

第二步，传授。把企业教练身上的学练经验、寿险知识、销售技巧，通过说、做的讲授与示范，向员工进行传递。员工通过听、看、模拟操作，来获取传递的内容。

第三步，校正。企业教练对员工的第一遍模拟操作进行评价，然后继续讲授、示范，员工再进行第二、三、四……甚至 N 遍的模仿，以防一不留意恢复到培训前的状况。

第四步，习惯。"教—练—改"的重复，使员工的思维、语言、行为变得稳定。通过这一步完成了对原有不足的改造，它会自然而然地、不停地为培训目标"效劳"。

第五步，创造。熟练就会生巧，"巧"往往因为"熟"而生。对基层员工来讲，"巧"就是最好的创造。

寿险培训五步法从激活到创造，让员工实现从陌生到创新的迈进、从平淡到精彩的跨越。接下来，就让我们一一进行分享。

3 分钟左右的导入，向听众做了开场分享。

二是概括。

要将每个步骤中的内容，用一个词来总结提炼。如：

激活有法。这个步骤的关键在于引起员工兴趣，调动员工热情，进行预热铺垫。

激活一定要有方法，常用的方法有：故事激活，增加培训的趣味性；引经据典，提升培训的精炼度；现身说法，增强培训的真实感；互动体验，提高培训的深刻度。有了方法，员工就有了被激活的可能。

传授技术。辅导、训练都要遵循相应的技术标准。如在讲解说明时，要做到说明内容不模糊、讲解步骤不颠倒、表达流程不错误、言语严谨不空洞。在操作示范时，要做到规范演示不含糊、动作到位不马虎、边讲边做不偏离、身心投入不敷衍。谨记员工是以企业教练为标准的，企业教练要认真地做到眼到、心到、手到，才能称作示范。

在模仿练习中，要做到细节操作不溃堤、步骤纠正不心急、严格标准不放水、反复试做不姑息。明确传授技术后，我们还必须借助必要的工具、案例才能将参训员工的训练落到实处，保证效果。

校正合规。培训中企业教练要进行细致入微的观察，采用多变的辅导策略，以便达到规章、制度要求的标准。为合乎规章、制度，需要在以下几个方面进行寻找：寻找起步点，起步错了就偏离了方向，后面就会迷路，所谓"差之毫厘，失之千里"；寻找差异点，企业教练与员工动作上的差异就是标准的差异；寻找最佳点，对于员工的每个优秀表现，企业教练都要给予总结并积极鼓励，增添员工学习的成就感；寻找重要点，哪些地方是关键的动作，哪些地方是致命的错误，都要逐一地找出。

找到了问题点，接下来就要改。改是调整、调试的过程：改变顺序，受训时员工未必能一次到位，可以先易后难，先从简单的人手，再循序渐进；改变方式，有的学员当众背诵公司介绍时，几次都不能过关，因为当众考他，他会怯场，那么可以改背诵为默写，通过默写考核培训结果；改变标准，既然员工不能一下子达到高标准，那么就先低后高。

改完之后就是测：测试准确度 —— 动作是否精准，话术是否精确，时机把控是否准确，分析结论是否正确；测试熟悉度 —— 员工是否熟练地掌握了企业教练教授的内容，是否做到了控制自如，没有瑕疵；测试耐受度 —— 员工在学习培训中，面对挫折、批评的表现是否在合理范围内。

在校正的过程中，通过找、改、测来达到对比、调试和反馈的效果，能够使训练能够合规合矩。

习惯靠数。认知是习惯养成的出发点：复杂的事情简单做，简单的事情重复做，重复的事情坚持做，坚持的事情习惯做。如果能模仿老员

138

工坚持做到五个拜访、三个面谈，就能将每天完成任务的行为固化为习惯。重复模仿的行为，进行数量的积累，就可以建立一种自动运作的"永动机"。成年人养成习惯的前21天会起到决定性作用，要把每一次重复的行为加以评估，然后把它稳定在前90天，习惯就会在行为次数的累积中形成。

创造在悟。企业课堂的培训在这个环节就结束了，但不等同于培训的终结。员工培训的终极目标是要超越教练，这种超越是在实践中由熟到巧的过程，用比尔·盖茨的话来说："人与人的差异主要在于脖子以上的区别。"做相同的工作，做过以后的感悟、领悟、大悟，决定了巧的程度。

三是找特质。

找特质主要是指为每一步构思内容找到本质特征、属性。见图7-11。

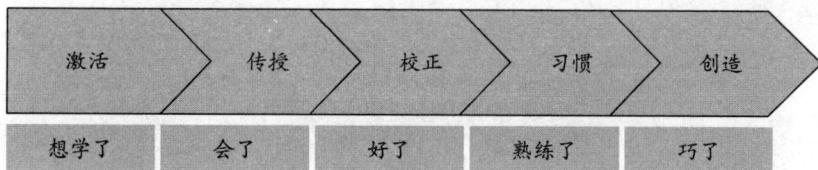

图 7-11 构思步骤的特质

激活就是为了让接受培训的员工获取学习的兴趣，可以浓缩为"想学了"；传授中听、说、读、写都是围绕员工学懂学会展开的，可以总结为"会了"；校正阶段是为了使员工的态度、语言、行为符合标准和制度规范，更专业，可以概括"好了"；习惯的养成要有21次以上的重复，因此习惯要依靠重复的数量，做到"熟练了"；创造就是熟能生巧的结果，可以概括为"巧了"。

四是寻关联。

激活、传授、校正、习惯、创造五步之间的逻辑关联，要用一句话表述出来。

我们分析的结果是，前四步都是准销售人员向企业教练学习复制的过程。激活是从意愿上靠拢企业教练；传授是在知识上学习企业教练；校正是在技能上模仿企业教练；习惯是（在稳定）状态上接近企业教练。但是创造的目的不是复制教练，而是超越教练。

所以，"寿险销售人员培训五步法"的关联就是先抄后超。前四步是"抄"（复制、模仿）的过程，后一步是"超"（赶超、超越）的过程。

五是图形呈现。见图 7-12。

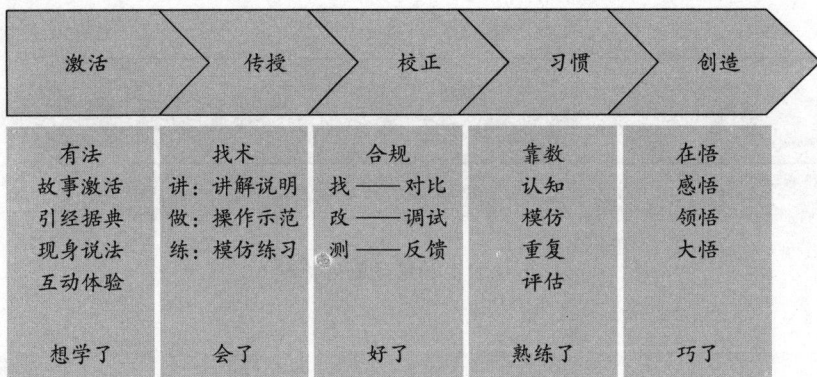

激活	传授	校正	习惯	创造
有法 故事激活 引经据典 现身说法 互动体验	找术 讲：讲解说明 做：操作示范 练：模仿练习	合规 找——对比 改——调试 测——反馈	靠数 认知 模仿 重复 评估	在悟 感悟 领悟 大悟
想学了	会了	好了	熟练了	巧了

图 7-12 寿险销售人员培训步骤图形

这样，以"寿险销售人员培训五步法"为题的演讲稿的图形就画出来了。接下来可以根据时间构思，走向演讲台尽情发挥了。

需要注意的是，在解析构思的过程中，是按照 1-2-3-4-5 的顺序进行的。但在实际的演讲中，是按照 1-2-3……2-3-4-5 的顺序进行的。如：

培训第一步的关键在于引起员工兴趣，调动员工热情，进行预热铺垫。培训前的激发兴趣和预热工作一定要有方法，常用的方法有：故事激活，增加培训的趣味性；引经据典，增强培训的说服力；现身说法，增强培训的真实感；互动体验，提高培训的深刻度。

所以说，激活重在有方法，用专业的方法带动员工，员工学习的劲头就有了，兴趣就被激活了。

员工的兴趣被激活，接下来辅导、训练就正式开始了。

企业教练在辅导、训练中要遵循相应的技术标准，特别是在讲、做、练等环节中要讲究技巧。

在讲解说明时，要做到说明内容不模糊、讲解步骤不颠倒、表达流程不错误、言语严谨不空洞。

在操作示范时，要做到规范演示不含糊、动作到位不马虎、边看边做不偏离、身心投入不敷衍，谨记员工是以教练为标准的，教练要认真地做到眼到、心到、手到，才能称作示范。

在培训练习中，要做到细节操作不溃堤、步骤纠正不心急、严格标准不放水、反复督促不姑息。

清楚了传授技术后，我们还必须借助必要的工具、案例才能将参训员工的训练落到实处，才能让他们学会、听懂、做对，所谓传授不在高深，有术则灵。

按上述范文举例，我们是在第一步主体内容表述完成后，进行概括和

特质阐述，然后再进行第二步的表述。找寻关联特质一般在演讲收结的部分呈现。

"怎么做"的问题构思，是在演讲中经常使用的一种经典构思方式，雷军在 2021 年度演讲《我的梦想，我的选择》中也大量地运用了这种结构。这种按照事件发展过程、事件发生的先后顺序，由此及彼、层层递进地说明事理、经过的方法，很容易将讲话的内容层次化、视角化，这样可以使讲话层次清晰、中心明确，便于听众掌握讲话的内容要点。

"为什么"的问题构思

矩阵结构是破解"为什么"问题的常用图形，一般由纵横排列的内容要素构成。

在演讲中阐述矩阵结构，往往用时较长。所以在短时间演讲中，演讲者总是用空间构思替代矩阵结构来阐述因果问题。

我们以一篇演讲为例，画出矩阵图。

我们有的是勤劳、乐观，我们在全世界各地只要有人的地方，总能找到属于我们的机会，未来也是这样。

我自己对经济学家很尊敬，但是我们企业家不能听经济学家预测的未来。我们企业家最能够感受到时代的变化、经济的变化，如果还去听经济学家的预测，那灾难就大了。所以，我们企业家听经济学家预测的未来的时候，就失去了自信。经济学家通过对昨天的总结，找出商业模式，然后去预判未来。

企业家对未来市场的判断，对机遇的把握更准确。要知道，没有变革哪来的机会，这是一个变革的时代。另外我想，我们要培育我们的商业文化，让我们的客户成功，让我们共同幸福，让员工有钱赚，是任何一个企业想要成功的几个要素。

我一直认为商人有两种，一种是生意人，一种是企业家。生意人是只要有钱就干，企业家有所为有所不为。企业家以天下为使命，要考虑如何帮助企业，如何让员工幸福。我自己觉得所有企业家要思考一个问题，如果组织碰到灾难，你是不是有自知投资能源能量，你是不是让客户成功了，是不是让员工感到幸福……这值得我们每个人去思考。

以前每个人把自己的机遇放在自己的口袋里面，把这些机会放在自己家的保险箱里。

承担责任的职责就像我们刚才讲的捐款，不是你改变了别人，是你改变了自己。云南地震的时候，我呼吁每个员工参与捐款……我自己觉得改变不了灾区的什么情况，但会改变自己，改变自己的思考，改变后代。我们商会倡导参与社会责任，改变的不是别人，而是自己。只有你的企业改变了，整个商业环境才有可能改变。

第一步，归类。因为文字较多，我们在归类前先将自然段的"眼"标注出来。如：

经济学家通过总结找出商业模式，预判未来。

向让客户成功、员工赚钱的方向变革。

在变革中，浙商做别人不想为的事。

改变自己，环境才会变。

我们把各个自然段的"眼"罗列出来就是：

第一自然段：过去浙江企业家因勤劳拥有市场、机遇。第二自然段：

经济学家通过总结找出商业模式，预判未来。第三自然段：向让客户成功、员工赚钱的方向变革。第四自然段：在变革中，浙商做别人不想为的事。第五自然段：改变自己，环境才会变。

其中，第二自然段是讲经济学家的，第一、三、四、五自然段是讲浙江企业家的——第一类就是对象：经济学家、浙江企业家。

第一、二自然段是讲过去的，第三、四、五自然段是讲未来的——第二类就是时间：过去、未来。

这样两个分类的维度就找出来了，见表7–11。

表7–11　分类维度

	过去	未来
浙江企业家		
经济学家		

第二步，概括。见表7–12。

表7–12　根据分类维度概括内容

	过去	未来
浙江企业家	勤奋的行动	做变革的事
经济学家	总结的思考	推理的思辨

浙江企业家对过去：勤奋的行动；对未来：做变革的事——做让客户成功、员工赚钱的事，做别人不想做的事，做改变自己的事。基本都是行动的尝试。

经济学家对过去：思考总结；对未来：推理预判。基本都是数据上的思与辨。

第三步，找特质。见表7-13。

表7-13　寻找内容特质

	过去	未来
浙江企业家	自发 （勤奋的行动）	自觉 （做变革的事）
经济学家	多果一因 （总结的思考）	一因多果 （推理的思辨）

企业家过去的行动源于自发，做未来的事因为自觉。

经济学家过去的思源于多果一因（商业模式），未来的思源于一因多果的不确定性。

第四步，寻关联。

从上述分析可以看出企业家善于行，经济学家优于思。根据两者的关联，我们用一句话来回答"企业家为什么不能完全听信经济学家的预测"这个问题：思不束行。

第五步，图形呈现。见图7-13。

演讲者如果拿着这样的演讲稿图形，重新上台演讲，那么会讲得更出彩、更深刻。当然，上述案例的观点并不代表笔者的观点，只是通过模型给读者一个逻辑上的解析。

上面的案例是通过已有文字，解析出它的结构，是从有到精、从有到好的过程。而下面的这个案例则是从无到有，创作演讲稿的过程，首先也得画出逻辑构思图来。

	过去	未来
经济学家	多果一因 （总结的思考）	一因多果 （推理的思辨）
企业家	自发 （勤奋的行动）	自觉 （做变革的事）

思不束行

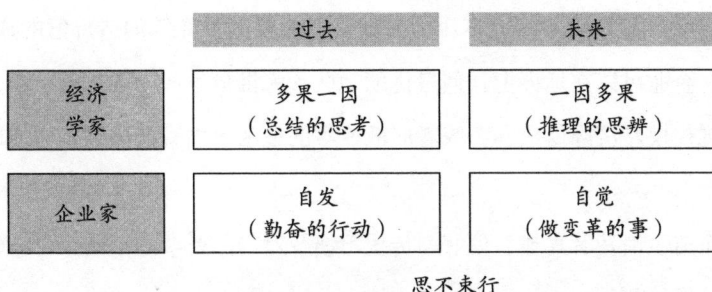

图 7-13　用图形呈现内容

我们以"在全球化扩张活动中，企业为什么会有不同的战略？"为题构思演讲稿。

第一步，归类。

矩阵构思的归类，先要找到纵、横两个维度，而且两个维度的概念要明确，不能违反同一律，要互不隶属、互不重合。

比如：我的、你的——我的产品和服务、你的需求。可以再进一步深入——我（企业）的产品和服务的成本压力（大小），你（东道主）的需求量（大小）。

这样两个维度就出来了，见表 7-14。

表 7-14　纵、横两个维度举例

	当地需求量小	当地需求量大
企业产品和服务成本压力大	企业产品和服务成本压力大 但当地需求量小	企业产品和服务成本压力大 但当地需求量大
企业产品和服务成本压力小	企业产品和服务成本压力小 但当地需求量小	企业产品和服务成本压力小 但当地需求量大

企业产品和服务的成本压力，就是企业要尽量降低创造价值的成本。比如：企业可以在世界上任何最优的地区，大批量生产标准化的产品，通过实现规模经济降低成本，或者向低成本的地区、国家购买某些职能以降低成本。

东道主消费者兴趣、偏好、传统习惯及对产品要求的不同，可导致当地需求量的变化。

第二步，概括。

根据分类后的结果，用一个词、一句话概括内容。根据概括，整理内容，见表7-15。

表7-15　根据分类概括

	当地需求量小	当地需求量大
企业产品和服务成本压力大	可复制	通用
企业产品和服务成本压力小	定制	垄断

组织内可复制——企业产品和服务成本压力大但当地需求量小；系统通用——企业产品和服务成本压力大但当地需求量大；

按需定制——企业产品和服务成本压力小但当地需求量小；全面垄断——企业产品和服务成本压力小但当地需求量大。

可复制，向各国、各地市场提供不同产品和服务，以迎合当地差异，这样就会增加成本，使成本压力较大；同时，还要促进企业在全球经营网络中的子公司之间，实现技术的多方流转、复制，但这样仅能满足不同区域的相同需求，当地需求量不会很大。

通用，是指大批量的生产、可重复性的功能、标准化的特质，会导致需求量的增加，从规模效应、成本优势方面来支持在全球市场上的定价。适用于工业配件生产。

定制，通过量"需"制作企业的产品和服务以迎合不同国家、地区市场的品味和偏好，来提高赢利能力，但减少生产批次和功能的重复，会使成本压力上升。

垄断，指没有直接的竞争对手，可以在全球出售相同的基本产品和服务，并对产品收取相对较高的价格。

第三步，找特质。

采取跨国战略 —— 组织内可复制 —— 企业产品和服务成本压力大但当地需求量小；

采取全球标准化战略 —— 系统通用 —— 企业产品和服务成本压力大但当地需求量大；

采取本土化战略 —— 按需定制 —— 企业产品和服务成本压力小但当地需求量小；

采取国际战略 —— 全面垄断 —— 企业产品和服务成本压力小但当地需求量大。

根据找特质的结果，呈现相应的战略，见表7–16。

表7–16 根据特质呈现战略

	当地需求量小	当地需求量大
企业产品服务成本压力大	跨国战略（可复制）	全球标准化战略（通用）
企业产品服务成本压力小	本土化战略（定制）	国际战略（垄断）

第四步，寻关联。

所有的战略选择都不是一成不变的，随着时间的推移，竞争者出现后，个别战略不可能长期有效，比如因垄断不可持续，致使国际战略不可持续。那么，关联的结论就是：

在全球化扩张中，企业的战略选择受成本、需求量的制约，但战略选择的改进受竞争者、时间的影响。

第五步，图形呈现。见图 7-14。

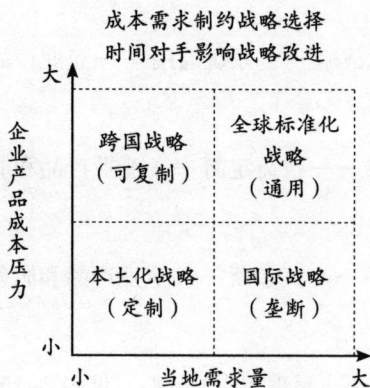

成本需求制约战略选择
时间对手影响战略改进

跨国战略（可复制）	全球标准化战略（通用）
本土化战略（定制）	国际战略（垄断）

图 7-14　用图形呈现战略

这样这篇演讲的演讲稿图形就画好了，演讲者可以根据时间安排进行演绎发挥。

150

"区别差异"的问题构思

对比构思是最有争议的一个构思模型，分歧就在于对比的主体对象千差万别，对比的维度见仁见智，对比的结论多种多样。

对比维度的确定是构思的重点。对比维度在数量上，建议控制在七个以内，维度数量过多，听众记忆起来会比较费力。对比维度有时又可构成空间或时间构思模型。

我们以雷军的演讲《用互联网思维改造传统行业》为例解析对比构思。

为什么我对小米这么有信心呢？

第一，小米没有工厂，不表示工厂不重要，是因为我认为我管理不好工厂，因为我是有研发背景的人，有研发背景的人为了强调创造力，其实对纪律没有那么强调，但是工厂非常强调纪律。这样的情况下，我们可以找世界上最好的工厂合作，谁是做手机最好的工厂，谁是做电视最好的工厂，谁是做路由器最好的工厂，这样我们产能提升的速度会非常之快。

第二，我们没有实体零售店，我们的零售店就是在网上，你说你卖一台手机还是卖 100 万台手机，其实差别并没有那么大，主要是靠物流配送到用户的家中。我们没有实体零售店之后，扩张的速度可以变得更快，发展的速度也变快了。

所以从传统的角度去看，（想发展成）像格力这样的巨无霸企业，如果用传统的方式在五年之内，我想不可能，但是在互联网上是有可能的。为什么有可能呢？因为它是轻模式，没有工厂，不需要线下店面。线下的店面是需要一个一个开起来的，需要很长的周期，需要找房子，需要装修，一般找一个铺面想要搞好没有半年（不可能），至少要一年的时间才能搞好。开得不好，人流量不够，还可能要关掉。小米在这样的轻模式下，是有机会高速成长的。

回顾我们的历史，小米前年 10 月底产品上市，第一个月卖了 1 万台手机，这一个月卖了 300 多万台，也就是二十五六个月的时间，翻了 300 多倍。

正是因为小米的轻，所以成长速度快，而且极端重视产品研发，整个公司绝大多数都是技术（人员），追求极致的产品，非常专注、非常简单，就是因为这样的领先商业模式和互联网运作的手法，我认为小米在未来几年的增速还是有机会达到 100% 的。如果是 100% 的增速，超过格力的概率就非常大，可能用不了五年……但是用互联网武装传统企业，用新模式做传统的事情，这是大势所趋，是任何企业都挡不住的。在转型升级的过程中，我有一个小小的建议，在今天大家可能还更多地认为，互联网的转型仅仅是电子商务化，电商其实提高了渠道效益，更为重要的是用互联网思想武装自己，我想这才是最关键的事情……

第一步，归类。

我们将这段演讲归为两类：生产为主体的企业和研发为主体的企业。

第二步，概括。

根据这两类企业的情况，我们可以把演讲内容概括为不同企业对员工的核心要求、对产品的核心要求、经营发展、交易渠道、代表企业等几个关键点。

第三步，找特质。见表7-17。

表7-17 不同企业的特质

	生产为主的企业	研发为主的企业
员工核心要求	严谨、守纪律	自由、有创造
产品核心要求	质量	专注产品的极致
经营发展	高成本限制扩张	裂变式发展零成本
交易渠道	经销商、代理商	互联网平台、物流配送
代表企业	格力	小米

第四步，寻关联。如表7-18。

这是对比构思最关键的环节。如果没有关联结论，那么对比构思就会沦落为一张两维图表。对比构思能超越图表就是因为有了进一步的关联分析。

第五步，图形呈现。

图形呈现，可以按上述图表进行阐述。为记忆方便，也可以分别将"生产、研发为主体的企业"做成空间构思图形进行讲解，或将对比的五个维度做成空间构思图形进行分享，两者均可。根据每个演讲者记忆偏好成图即可。

对处于成长期的演讲者而言，在构建对比构思模型的过程中还是有难

表7-18　根据企业特质得出结论

	生产为主体的企业	研发为主体的企业	关联结论
员工核心要求	严谨、守纪律	自由、有创造	更理性重于思
产品核心要求	质量	专注产品的极致	客户体验下的极限产品
经营发展	高成本限制扩张	裂变式发展零成本	极限扩张轻负担
交易渠道	经销商、代理商	互联网站、物流配送	破坏成本结构实现营销高性价比
代表企业	格力	小米	集团企业

度的，特别是在组合对比对象、维度时，要有所取舍。

学习掌握这种构思方法，可先从两个对象、两三个维度的简单建模开始，等有了初步了解后，再循序渐进地增加难度，直到熟练使用各种模型。

第八章

分清场合，说话懂分寸

优秀的演讲者大都能够识别场合和对象差异。

这种优秀体现在对演讲对象的聚焦上。就像在竞聘演说中，评委才是演讲的重要对象，评委满意你就有戏；这种优秀体现在对自我的保护上，就像在就职演说、答谢致辞中，你拥有了权力，获得了荣誉，这时候谦逊才是保护自己的最好武器；这种优秀体现在人文关怀上，就像在动员报告中，没有安全感的鼓励只能让受众落荒而逃。

把握好不同场合下的讲话分寸，讲出你的诗情画意，让你的思想随风潜入夜，让你的观点润物细无声。

竞聘演说设计

问渠哪得清如许，为有源头活水来。竞聘演说的灵魂追问在于"聘"而非"竞"。"聘"就是根本，就是源头之水，"竞"是手段，一切的"竞"都服从于"聘"。"竞"的对象往往不是对手而是评委。这就是我们经常讲的"学生考高分，不是因为比别人学得好，而是阅卷老师满意"。

竞聘演说的底线应建立在不让"裁判"反感的基础上，竞聘中你"跑"得再快，"跳"得再高，"裁判"认定你犯规，你肯定落选。竞聘中的"裁判"不是能够帮你成事的人，而是会坏事的人。守住这个底线，"聘"才有可能成功。

竞聘演说由致谢表态、资质表述和承诺表白组成。

致谢是典型的空间构思，讲的是"是什么（谁）"的问题——向谁致谢、谢什么。见图8-1。

感谢（上级）董事会对我的信任，给了我参加竞聘的机会；感谢（下级）员工们对我的支持，正是因为有了你们的支持，我才有了今天的成

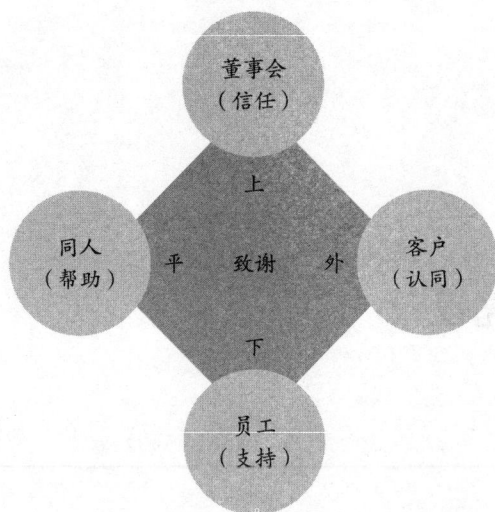

图 8-1　致谢的空间构思

长；感谢（平级）同人对我的帮助，让我获得了今天的经历；感谢（外部）客户们，没有你们多年来对我的认同，我将无法取得如今的成绩。

在这里我衷心地感谢你们！

这段演讲按照空间构思逻辑图，完成了上、下、平、外四个维度的致谢。如果想省去繁文缛节，快速地进入主题，那么可以减少致谢的维度。

如希拉里在竞选纽约参议员时的演讲：

感谢你们开放思想，不存成见；感谢你们相信我们能携手为子孙后代，为纽约州，以至全国的未来而共同努力的美好前景；感谢你们给了我一个为大家服务的机会。

我对你们每个人都深怀谢意。

这段演讲用的是三维致谢（见图 8-2），如感谢接纳、感谢信任、感谢给予。

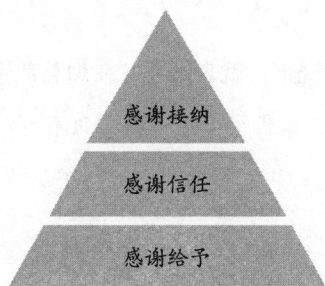

图 8-2　三维致谢

或者可以采用更干脆的一维致谢：

感谢董事会在组织用人之际，给我一个选择的机会。

致谢之后，就是表态。表态是竞聘者表达对竞聘活动、竞聘岗位的看法，它最能反映出竞聘者的分寸感。如：

我竞聘的是业务副总裁岗位，也许有人会问你能胜任吗？我会坚定不移、理直气壮地回答我一定能胜任！

因为我热爱旅客运输事业，我有一颗为旅客运输事业贡献智慧、挑战自我、追求卓越的雄心，我将在副总裁岗位上燃服务之火，铸安全楷模。

这样的表态想表达的是自信，但却显出"非我莫属"的狂妄，同时也会让"裁判"感到竞聘者浮躁的性格。

"一定能胜任"——胜任与否的判断不是由其本人做出的，而是"裁判"。你抢了"裁判"的饭碗就会不招人待见，更严重的是"裁判"会让你没饭碗，越位就会有"祸事"。

在尚未被聘上的情况下，就表态要"在副总裁岗位上燃服务之火，铸安全楷模"，未免显得太露骨了，多少有些急不可耐。而且在这个环节用"燃服务之火，铸安全楷模"的表述，言辞过于华丽、空洞。

这样表态会朴实一些：

天下兴亡、匹夫有责；服务优劣，安全好坏，员工有责。在企业用人之际，面对客运公司副总裁担负的重任，我愿意选择承担。

这里用了"重任"一词，没有用"权力"。尽管竞聘都是为了得其位、拥其权、获其利、守其责，而且责、权、利是一体的，是不可分割的，但是依然要用"重任"替代"权力"，这既是对分寸的把握，也是对"裁判"的敬畏。

在"裁判"面前，任何轻浮、嚣张的表现都会增加厌恶感。

资质表述的构思应该是什么样呢？如果是空间构思，那么讲的就是"有什么样的资质"适合竞聘的岗位。如果是时间构思，那么讲的就是"资质怎么获得的"，这样获得的资质是适合竞聘岗位要求的。

事实上，资质表述表达的是：有什么样的资质，即空间构思。那么有人会说，在"资质表述"中呈现出"资质怎么获得的"，不更能显示出自己的价值吗？

请注意这种想法是极大的错误。资质表述的重点在于资质与竞聘岗位要求的匹配度，而不是夸耀资质的丰富性、曲折性和优质度。在这里需要你对竞聘岗位进行分析，然后呈现出已有资质与其相契合。如：

自 2014 年以来，我担任过运输部、客服部、人事部、安全监察部等部门的经理，都是在任期之内，超额完成了运输、服务、安全、管理的预期目标……我具备懂人、懂业务的双重优势，所以今天，我有信心竞聘公司业务副总裁。

这样的资质表述，首先，对"客运公司业务副总裁的岗位"做了分析——在管理上能够驭人，在业务上能够理事；其次，表述了自己的资质经历过管理、业务岗位的锻炼；最后，表达了"有信心"参加竞聘，因为契合所以自信。

如果是下面这样的表述呢？

我有一颗爱岗敬业、乐于奉献、对事业执着追求的信心和决心，身体素质较好，能够胜任加班，性格和蔼，尊重上级，团结同事，遇事能冷静，勤思考，勇于挑担子，敢于负责任。

显然这段话缺乏对竞聘职位的分析，而且从资质来看并不具有针对性，似乎更适合一线班组长等基层干部岗位。

最后，承诺表白——空间构思，讲的是承诺目标是什么。如：

我将带领管理团队，达成三大目标：第一，客运收入提升 15%；第二，安全运输突破 3000 天；第三，员工人均收入提升 10%。

我知道，摆在我面前的不是一个职位，而是一张考卷，假如各位评委给我这次机会，我将用业绩做出更有价值的答案。

我们为什么不在这里面讲步骤呢？

因为你的竞聘目标未必能得到评委的青睐，如果过早地谈论如何做，就会让纸上谈兵的空洞、不合时宜的积极成为评委的"笑柄"。

竞聘演说无论摆资历、谈能力，还是讲目标，都要符合招聘者提出的岗位要求，紧扣业务需求，把握分寸，讲求得体。

就职演说设计

经过竞聘活动的喧嚣，尘埃落定，接下来你就该走马上任了。面对上级领导者、落选的竞争者和陌生的期待者，你要在就职演说当中展示施政纲领，不能辜负上级组织对你的期许，要向大家明确你的工作举措，获取部下的支持与合作。

就职演说由致谢表态、策略表述、步骤阐述等部分组成。

致谢与竞聘演说相同，讲的是对什么人谢什么事，需要使用空间构思。就职演说第一部分重点在表态的"态"上。

这个"态"一定是谦逊之态！

竞聘是竞争的过程，只要是竞争就会有失败者，而且在竞争中的失败者往往是大多数人，获胜者仅仅是少数人。你获胜就意味着你得到，你得到就意味着多数人失去。这一得一失之间，情绪就发生了变化——失去的多数人会失落、惋惜，也会有羡慕忌妒恨，甚至会有出格的举动。

我们曾经太崇尚竞争中的胜者、优者、强者，严重缺少对大多数败者、庸者、弱者的人文关怀和情绪安抚，没有意识到当大多数人的情绪类

163

似时就凝聚成了民心。

对于一位新任当选者，"背道而驰"的民心、挑剔不满的情绪、出格的举动，意味着什么想必大家都清楚，用李玉刚演唱的《新贵妃醉酒》里的一句歌词来形容就是"爱恨就在一瞬间"。

所以当我们得到的时候，谦逊是保护我们的最好武器。

人不需要时时刻刻都保持谦逊，那样不但很累，而且很虚伪。但拥有、得到的时候，谦逊就是护身符。你表达谦逊的态度，就会消弭失去者、失落者羡慕忌妒恨的能量，就能团结（融化）那些没有得到的"大多数人"，从而有利于稳定局面，开展新工作。

致谢表态后，进入策略表述，要使用空间构思，主要讲策略是什么。在这个部分要少分析原因，多分享措施，面对公众的就职演讲，大家不太关心你分析"为什么"的问题，人家关注的是你"干什么"，这么干对公众的利益会有什么样的冲击。

可以将现阶段主要问题呈现出来，但一定是在任期内可改动、可改善、可改变的问题，像"管理机制""房价"等无法撼动或很难撼动的问题，不要在就职演讲中呈现。

当然有人会质疑，就职演说就不能讲公众关心、群众关注的问题吗？

就职演说提出的主要问题，应该是公众想要解决的问题，与新任领导者可以作为的问题之间有交集的问题。建立在大包大揽下的策略表述，确实在短时间内可以振奋人心，但这样高风险的承诺也可能会让你永远失去人心。在就职演说中的每一项策略表述，都不是你的资产，而是负债。别忘了，上台来讲，总是要还的。积小胜以成大胜是策略表述的根本出发点。

策略表述是从目标和事件入手，目标的达成要通过事件的累加来实现。只有目标的策略是不接地气的，策略之所以务实往往是因为谈到了具体的事件。如：

目前最迫切的问题，是要快速进入总经理的角色，用心开展工作，特别是要做到安心、实心、尽心、不贪心。安心，就是把家尽早地搬过来，安安心心地在分公司所在地工作；实心就是一切从难题出发，实实在在解决产品库存量大、服务投诉率高的问题；尽心就是在一个月内熟悉工作，尽心尽力地担负起工作范围内的全部责任；不贪心，要做到不剪彩，不题字，不收礼，不参加公款消费的娱乐活动，不利用手中的职权为自己和亲朋好友谋好处……

这位就职演说中的领导者，把"快速进入总经理的角色，用心开展工作"作为目标，通过搬家、清理库存、降低投诉、月内熟悉工作、克己自律等事件来达成，基本上构成了较为完整的策略表述。

就职演说的主体格调应是让公众得到一种启发和鼓励。要实现这一点，在策略表述上就要使用潜移默化的渗透方法。为此，应从鼓劲、打气的角度入手，将策略的积极效果暗示于公众，增强他们的信心和决心。机构撤并、人员裁撤、减薪等举措，尽可能在这个环节中回避，毕竟铁烧热了才好打，稳定人心、鼓舞人心就是预热的过程。

策略表述是目标与事件在空间上的组合，目标与事件在时间上的组合叫作思路、步骤。

就职演说中的步骤阐述是典型的时间构思，步骤之间有明显的时间先后顺序。最常见的是时长不超过任期的等距划分，如入职后第1年（月）、第2年（月）、第3年（月）……

其实，这种建立在提前预想基础上的、刻板的划分并不科学。事件完成的难易程度可能会影响进度，使时间的划分不符合预期，而且事件的先后排列也会直接影响任务完成的效果。但在步骤阐述中时间划分又是不可或缺的，它是检验就职后的领导者兑现承诺的重要标准之一。如果在就职演说中领导者能够打破这种常规，使用斐波那契数列式（事件转机往往出现在时间的黄金分割点上）划分：3个月、5个月、8个月、13个月、21个月、34个月……那么，往往会给公众一个耳目一新的深刻印象。

步骤阐述在数量上不宜太多，一般都是起于三而止于七。步骤数量太多不但增加听众记忆的难度，也会使听众产生抗拒心理，影响对演讲者正常的评价。

竞聘演说与就职演说有以下不同，见表8-1。

表8-1 竞聘演说与就职演说比较

	竞聘演说	就职演说
职位状态	无，未获得	有，已获得
构思设计	空间构思	空间、时间构思
设计角度	忠实展示自我	爱护他人，保护自我
关注重点	评委	需求与可为的交集问题
核心表述	过去拥有的资质	未来想做的步骤

总之，就职演说的设计就是为了从上任开始，保护好自己，鼓舞起士气，选择好路径，迈得开步子。

酒（宴）会致辞设计

这里的酒（宴）会致辞是指参加公开或私人庆典酒（宴）会、仪式等活动时所发表的讲话。对于领导者而言，酒（宴）会致辞是商务往来、对外交往使用频率最高的演讲致辞，也是最容易出现官话、套话的地方。

这类演讲致辞以热情洋溢为主基调，以温情导入，通过理性思辨，对行为做出期许。一般由情感沟通（如私人庆典应以示好赞誉导入）、情境评价、未来期许等部分组成。

所有致辞类演讲往往是以情感沟通导入，热情洋溢是情感气氛的表现，我们的致辞要符合氛围的要求。只有能"通情"才能实现"达理"——情境评价。如果是私人酒（宴）会庆典，那么出于礼节要对主办方主动示好。

如某人生日酒会的致辞：

35 年前的今天，上天给我们带来了一份幸福的礼物，那就是×××，从此世上就多了一份生命的快乐和事业的睿智。

这部分内容往往最容易被人忽略，演讲者总认为应酬一下即可，抑或用客套话应付了事。大家想一想，能让你上台致辞，往往在主人眼中，你有与众不同的代表性，你的演讲致辞往往带有象征性、标志性的意义，所以不要辜负了主人的盛情好意。

那么为了能引起宾客的关注，更好地引导宾客认识酒会庆典主旨，最常用的方法就是使用华丽的辞藻、赞赏的语调，来显示出不同寻常的热烈。

接下来，情境评价是酒会致辞的核心部分，也是最应出彩的地方，它代表着演讲者的演讲功力。

如果是参加私人酒（宴）会，那么在这部分讲述主人的一件小事，就更能拉近人际关系。因为感动总在细节中，还记得朱自清的《背影》吗？全文讲的是父亲对子女的爱，这主要是通过描述翻越站台买橘子的细节刻画出来的。如：

五年前，我们相识于清华大学总裁研修班，×××思想活跃，他的每一次发言总让我眼前一亮。他说，"业绩折旧比固定资产折旧更快""亏损的企业总是从亏损的企业家开始的"。

多么生动的观点！从那时起，我们就成了挚友。

在主人生日的酒（宴）会现场，可以用曾经的相识小事、真实可信的观点、发挥性的抒情来打动主人，吸引听众。

对于公共庆典酒会，情境评价则要体现对表述事件的关联性评价。以首都经济贸易大学原校长的新年宴会致辞为例：

过去的一年，首都经济贸易大学不懈地努力，不断地进取，继续传承和谱写自己的文化，将骆驼精神进一步砥砺出一种特有的骆驼品格：朴实、踏实、扎实。

朴实，就是为人质朴、诚实，一切从实际出发，不图虚名，不说空话，不文过饰非，一是一、二是二，尊重事实、实事求是，是非分明、克己奉公，真诚待人、爱岗敬业，勤俭节约、艰苦奋斗。

踏实，就是做事切实、务实，脚踏实地、务求实效。心无旁骛、专心致志，志不求易、事不避难，从小事做起，注重细节，丁是丁、卯是卯，有板有眼、稳扎稳打。

扎实，就是业绩经得住检验，经得起历史的检验。高标准、严要求，一丝不苟，不偷奸取巧、不急功近利，重基础、谋长远，靠得住、可持续，一步一个脚印，业绩实实在在。

骆驼品格的"三实"，其牢固的根基在于一个"实"字，"实"将成为首经贸人的标识。

新的一年，作为北京的大学，我们要全力以赴，各项工作都要服从服务于奥运会。不但要在志愿者服务等各项工作中做出优异的成绩，而且所有师生员工都要表现出高尚的情操和饱满的精神状态。更重要的是，在奥运之年，要弘扬奥运精神，以"更快、更高、更强"的标准，把学校各项工作推向一个新的阶段。

更快，我们还可以理解为工作节奏更快、前进步伐更快；更高，我们还可以理解为工作标准更高、质量水平更高；更强，我们还可以理解为职业实力更强、能力本领更强。

奥运精神的"三更"，其永久的魅力在于一个"更"字。讲的不仅是快、高、强的奋斗目标，求胜利，不服输，而且"更"内含着顽强不屈、勇于拼搏、战胜自我、永不满足、挑战极限的精神。

老旧的骆驼精神被赋予了新内涵：朴实、踏实、扎实，这段话实在是高！而且把"三实"进一步细化，当然细化的过程全是官话。对众所周知的奥运精神——"三更"，有了更深的理解，当然深化的过程也还是套话。但高明的地方就在下面这段评价，一位经济学教授讲出了哲学家的风范，这就是思辨在发挥作用。

奥运"三更"内涵是和我们骆驼"三实"品格高度一致的。从字面上看，"三实"与"三更"不同，一个沉稳，一个高昂，但两者充满着辩证的内在联系，"三实"是"三更"的起点和基础。哪一个奥运冠军，不是运动员经过朴实、踏实、扎实的训练才荣获了桂冠，而具有朴实、踏实、扎实品格的人，其业绩的更快、更高、更强也将成为必然。

我们要在学习、弘扬奥运精神的过程中，继续铸就首经贸人的骆驼品格，以骆驼品格培育奥运精神，以奥运精神彰显骆驼品格。

演讲者又把这种关联上升到哲学层面，提炼出了辩证的内在联系，强调"三实"是"三更"的起点和基础，而具有"三实"品格的人，其业绩的"三更"也将成为必然。

应该说，在这段套话连篇的情境评价中，充满了睿智的思辨。在新旧交替时刻，演讲者把该讲的套话都讲完了，但并不让人感到空洞、乏味。这段话的高明之处就是给套话换了个关联的外套，于是化陈旧为精彩。

未来期许的部分，可以是对人、对事件提出希望，多以空间构思为主，没有特定的要求，但要注意语言的简洁性，毕竟这部分不是酒会致辞的重点。

　　酒（宴）会致辞不怕套话连篇，就怕没有创造性的设计。这就应了清代袁枚的那首诗《遣兴》："但肯寻诗便有诗，灵犀一点是吾师。夕阳芳草寻常物，解用多为绝妙词。"出其不意、让人大吃一惊的绝妙致辞，绝不是简单地费费心机就可以得来的，精彩是客观存在的，精彩又是随处可抓的，但关键在于演讲者如何去抓住。

动员报告设计

动员报告在所有的演讲形式中，最接近演讲本质 —— 思维通过语言影响他人的行为。

动员报告是统一听众思想，播种组织信念，进而号召听众按照既定方案展开行动的演讲。它由形势解析、任务阐述、号召鼓动三部分组成，主基调就在于鼓动激励，当然要有理性导入、回忆和评价，最后对未来行动做出期许。

在美国导演福兰克林·沙夫纳拍摄的军事传记片《巴顿将军》[①]中就能看到动员报告的影子。

---

① 《巴顿将军》是美国导演福兰克林·沙夫纳于 1970 年以真人真事为依据拍摄的军事传记片，根据迪斯拉斯·法拉戈所著的《巴顿：磨难与胜利》和奥马尔·N. 布莱德雷所著的《一个士兵的故事》两书内容所创作。影片获得第 43 届奥斯卡金像奖最佳影片、最佳剧本、最佳导演等 7 项大奖，是 20 世纪 80 年代最受欢迎的好莱坞经典巨片之一。

弟兄们：

最近有些小道消息，说我们美国人对这次战争想置身事外，缺乏斗志。美国人从来就喜欢打仗，真正的美国人喜欢战场上的刀光剑影……当今天在座的各位还都是孩子的时候，大家就崇拜弹球冠军、短跑健将、拳击好手和职业球员。美国人热爱胜利者，美国人对失败者从不宽恕，美国人蔑视懦夫。美国人既然参赛，就要赢，我对那种输了还笑的人嗤之以鼻。

动员报告中的形势解析往往需要快速切入主题，所以很少使用矩阵构思，以空间构思为主。巴顿在动员报告的形势解析中，没有把重点放在"美国为什么要参战"上，而是开门见山地分析"美国不怕参战是源于什么"，这与其身份是相符的。因为参战是决策，是领袖们做出的，将领作为下属、执行者，在战斗动员中面对的是他的士兵部下。无视参战的原因，才能让下属打消有关参战行动的顾虑。

形势解析的核心不是形势的优与劣，而是面对这样的形势将领要有所作为，这样才能动员别人参与其中。

你们不会全部牺牲，每次主要战斗下来，你们当中只可能牺牲百分之二。不要怕死，每个人终究都会死。没错，第一次上战场，每个人都会胆怯。如果有人说他不害怕，那是撒谎。有的人胆小，但这并不妨碍他们像勇士一样战斗，因为如果其他同样胆怯的战友在那奋勇作战，而他们袖手旁观的话，他们将无地自容。真正的英雄，是即使胆怯，照样勇敢作战的男子汉。有的战士在火线上不到一分钟，便会克服恐惧。有的要一小时，还有的，大概要几天工夫。但是，真正的男子汉，不会让对死亡的恐惧战胜荣誉感、责任感和雄风。战斗是不甘居人下的男子汉最能表现自己胆量的竞争。战斗会逼出伟大，剔除渺小。美国人以能成为雄中之雄而自豪，而且他们也正是雄中之雄。大家要记住，敌人和你们一样害怕，很可能更害怕，他们不是刀枪不入。

动员报告中的形势解析最终还是要落在人心解读、人心稳定上。让人失去安全感的动员只能让受众落荒而逃。巴顿的思维是缜密的，他将演讲对象的内心已经琢磨透了——美国不怕参战，但参战的美国人会恐惧死亡的威胁。但敌人很可能比我们更害怕——他的假设性表述无疑缓解了受众的恐慌和焦虑。

在以往的动员报告中，总以为形势解析得越严峻，员工们就会越有动力。背水一战式的动员在真正的将军面前显得太老套了。从历史上看大多数的胜利战斗，在开战前均不属于背水一战的情况。如果真到了背水一战的时刻，那么就无须领导者动员了。

动员报告中的任务阐述讲的就是做什么，典型的空间构思。巴顿并没有像我们一些领导者那样，直接对士兵提要求：一是什么，二要如何，而是很自然地进行富有哲理的阐述：

在大家的军旅生涯中，你们称演习训练为"鸡屎"，经常怨声载道。这些训练演习，如军中其他条条框框一样，自有它们的目的。训练演习的目的，就是培养大家的警惕性。警惕性必须渗透到每个战士的血管中去。对放松警惕的人，我决不手软。你们大家都是枪林弹雨里冲杀出来的，不然你们今天也不会在这儿，你们对将要到来的厮杀，都会有所准备。

在西西里的某个地方，有一块墓碑码得整整齐齐的墓地，里面埋了四百具阵亡将士的尸体。那四百条汉子升天，只因一名哨兵打了个盹。

令人欣慰的是，他们都是德国军人。我们先于那些狗杂种发现了他们的哨兵打盹。

任务一：演习训练是为了提高警惕性，放松警惕的都进了坟墓。

我麾下的将士从不投降。我不想听到我手下的任何战士被俘的消息，除非他们先受了伤。即便受了伤，你同样可以还击。这不是吹大牛。我愿我的部下，都像在利比亚作战时的一位我军少尉。当时一个德国鬼子用手枪顶着他胸膛，他甩下钢盔，一只手拨开手枪，另一只手抓住钢盔，把那鬼子打得七窍流血。然后，他拾起手枪，在其他鬼子反应过来之前，击毙了另一个鬼子。在此之前，他的一侧肺叶已被一颗子弹洞穿。这，才是一个真正的男子汉！

任务二：顽强抵抗绝不投降，哪怕负伤也要消灭敌人，要对得起给养、装备和战士的荣誉。

军队中，每个战士都扮演一个重要角色。千万不要吊儿郎当，以为自己的任务无足轻重。每个人都有自己的任务，而且必须做好。每个人都是一条长链上的必不可少的环节。大家可以设想一下，如果每个军车司机都突然决定，不愿再忍受头顶呼啸的炮弹的威胁，胆怯起来，跳下车去，一头栽到路旁的水沟中躲起来，那会产生什么样的后果……

每个人都应完成他的任务，每个人都应对集体负责，每个部门、每个战斗队，对整个战争的宏伟篇章来说，都是重要的。弹药武器人员让我们枪有所打，炮有所射。没有后勤人员给我们送衣送饭，我们就会饥寒交迫。指挥部的所有人员，都各有所用，即便是个只管烧水、帮我们洗去征尘的勤务兵。

每个战士不能只想着自己，也要想着身边一起出生入死的战友……

真正的战士，他会全心全意地履行自己的职责，不管那职责当时看起来多么不起眼，不管情况有多危险。还有那些通往突尼斯的路上的军车司机，他们真了不起。他们没日没夜，行驶在崎岖、泥泞的道路上，从不停歇，从不偏向，把四处开花的炮弹当成伴奏。我们能顺利前进，全靠这些天不怕地不怕的美国硬汉。这些司机中，有人连续开车已经超过四十小时。他们不属战斗部队，但他们同样是军人，有重要的任务要完成。任务他们是完成了，而且完成得真棒！他们是大集体的一部分。如果没有大家的共同努力，没有他们，那场战斗可能就输掉了。只因所有环节都各司其职、各尽其责，整个链条才坚不可破。

任务三：扮演好角色，履行好职责，对集体负责，这样才坚不可破。

大家要记住，算我没来过这里。千万不要在信件里提及我。按理说，我是死是活，对外界要保密，我既不统率第三集团军，更不在英国。让那些敌人发现吧！我希望有一天看到，他们哀鸣道："我的天哪！又是那挨千刀的第三集团军！又是巴顿！"

任务四：保守军事秘密。

我们已经迫不及待了。早一日收拾掉万恶的德国鬼子，我们就能早一日掉转枪口，去端日本鬼子的老巢。如果我们不抓紧，功劳就会全让海军陆战队抢去了。是的，我们是想早日回家，我们想让这场战争早日结束。最快的办法，就是消灭这些敌人。早一日把他们消灭干净，我们就可以早一日凯旋。回家的捷径，要通过柏林和东京。到了柏林，我要亲手干掉那个纸老虎希特勒，就像干掉一条蛇！

任务五：战胜敌人，打到敌人的老窝，方能回家。

谁要想在炮弹坑里蹲上一天，就让他见鬼去吧！德国鬼子迟早会找到他的头上。我的手下不挖猫耳洞，我也不希望他们挖。猫耳洞只会使进攻放缓。我们要持续进攻，不给敌人挖猫耳洞的时间。我们迟早会胜利，但我们只有不停战斗，比敌人勇敢，胜利才会到来。我们不仅要击毙那些狗杂种，而且要把他们的五脏六腑掏出来润滑我们的坦克履带。我们要让那些德国鬼子尸积成山，血流成河。战争本来就是血腥、野蛮、残酷的。你不让敌人流血，他们就会让你流。挑开他们的肚子，给他们的胸膛上来上一枪。如果一颗炮弹在你身旁爆炸，炸了你一脸灰土，你一抹，发现那竟是你最好伙伴的模糊血肉时，你就知道该怎么办了！

我不想听到报告，说："我们在坚守阵地！"我们不坚守任何见鬼的阵地，让德国鬼子坚守去吧！我们要一刻不停地进攻，除了敌人，我们对其他任何目标都不感兴趣。我们要扭住敌人不放，打得他们魂魄离窍。我们的基本作战计划，是前进前进再前进，不管要从敌人身上身下爬过去，还是要从他们身体中钻过去……

有时免不了有人会抱怨，说我们对战士要求太严，太不近情理。让那些抱怨见鬼去吧！……我们进攻得越坚决，就会消灭越多的德国鬼子。

我们消灭的德国鬼子越多，我们自己人死得就会越少。进攻意味着更少的伤亡，我希望大家牢牢记住这一点。

任务六：不去防守，持续进攻才会减少伤亡。

这六项任务可用六个词组来概括：训练、抵抗、负责、保密、制胜、进攻。这六个词语可以分为对敌人、对自己两部分。

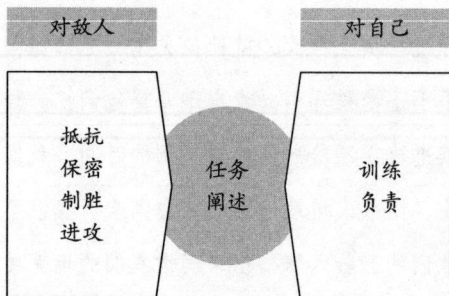

图8-3　动员报告中的任务阐述

动员报告中的号召鼓动是为了给听众树立起未来愿景。既然是愿景，就要有想象、有画面感。如：

凯旋后，今天在座的弟兄们都会获得一种值得夸耀的资格。二十年后，你会庆幸自己参加了此次世界大战。到那时，当你在壁炉边，孙子坐在你的膝盖上，问你："爷爷，你在第二次世界大战时干什么呢？"你不用尴尬地干咳一声，把孙子移到另一个膝盖上，吞吞吐吐地说："啊……爷爷我当时在路易斯安那刷马桶。"与此相反，弟兄们，你可以直盯着他的眼睛，理直气壮地说："孙子，爷爷我当年在第三集团军和那个乔治·巴顿并肩作战！"

这样的动员报告，往往能让我们产生"男儿何不带吴钩，收取关山五十州"的冲动和建功立业的豪情。

尽管巴顿在这篇动员报告中有许多粗鄙之语，但是我们可以保留他为演讲对象播种信念的方法之"精"，运用他以事实点燃听众激情的技巧之"气"，盘活他那富有哲理的提炼之"神"，整合他对动员报告这种演讲形式的理解之"道"，为更多的人服务。

在业绩比较好的组织里，领导者们都精通动员、激励之术。在他们看来，员工的行动是受思想、信念制约的，那么动员报告对员工、听众来讲就是较为恰当的激励。

总结报告设计

演讲中的总结报告，不同于一般公文写作中的总结报告，后者是用来看的、读的，前者是用来讲的，它更加注重听的感受。

面向过去某个时间节点，以分析总结为主基调，理性导入，针对前时前事的成败、得失的解析结果，指导后时后事，并做出对行为的期许。总结报告分为成就与不足、形势任务、鼓励期许三个部分。

在成就与不足的环节中，遵循"成绩讲够，不足解透"的原则。如果是短时演讲，那么基本使用空间构思，主要呈现成绩有什么，不足是什么。如果是专题的总结演讲报告，那么演讲的时间会在 1 小时以上，就要采取矩阵构思。

我们以任正非的演讲《用乌龟精神，追上龙飞船》为例，具体解读总结报告。

宝马追不追得上特斯拉？多数人都认为特斯拉这种颠覆式创新会超越宝马，我支持宝马不断地改进自己，开放自己，宝马也能学习特斯拉。……宝马需要的是成功，而不是自主创新的狭隘自豪。

华为也就是一个"宝马"（在这里指代大公司），在瞬息万变，不断涌现颠覆性创新的信息社会中，华为能不能继续生存下来？不管你怎么想，这是一个摆在你面前的问题。

我们用了 25 年的时间建立起一个优质的平台，拥有一定的资源……是宝贵的财富。

过去所有失败的项目、淘汰的产品，其实就是浪费……我们珍惜这些失败积累起来的成功，如果不故步自封，敢于打破自己既得的坛坛罐罐，敢于去拥抱新事物，华为不一定会落后。当发现一个战略机会点，我们可以千军万马压上去，后发式追赶，你们要敢于用投资的方式，而不仅仅是以人力的方式，把资源堆上去，这就是和小公司创新不一样的地方。……勇于打破目前既得优势，开放式追赶时代潮流……我们就有可能追上特斯拉。

这是一个不错的导入，用"宝马追赶特斯拉"的事例开场，充分激发听众听的兴趣。而且对成绩——"建立起一个优质的平台，拥有一定的资源"，对不足——"过去所有失败的项目、淘汰的产品，其实就是浪费"，都概括得比较简洁。

成就与不足在总结报告中的作用远逊于形势任务。形势任务之"的"，是为未来工作之"矢"做准备的。

我们是一个能力有限的公司，只能在有限的宽度赶超美国公司。不收窄作用面，压强就不会大，就不可能有所突破。……我们只可能在针尖大的领域里领先美国公司，如果扩展到火柴头或小木棒这么大，就绝不可能实现这种超越。我们只允许员工在主航道上发挥主观能动性与创造性，不能盲目创新，发散了公司的投资与力量。非主航道的业务，还是要认真向成功的公司学习，坚持稳定可靠运行，保持合理有效、尽可能简单的管理体系。要防止盲目创新，四面八方都喊响创新，就是我们的葬歌。

这就是一个空间构思（见图8-4）。这篇演讲主要讲三个部分：组织技术创新——点要尖；岗位工作创新——不偏航；管理体系创新——简与效。

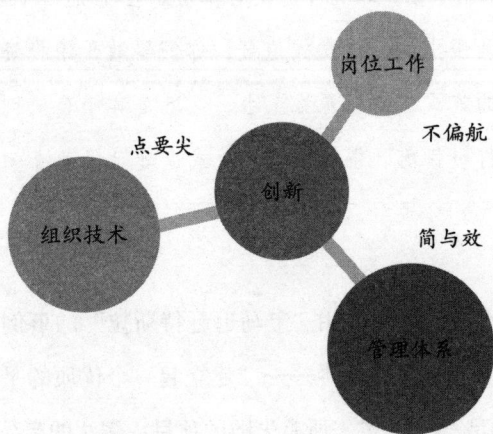

图8-4　任正非演讲中的空间构思

而且这三部分的关联结论，概括得也非常好："防止盲目创新，四面八方都喊响创新，就是我们的葬歌。"

不分技术面的宽与窄、岗位工作的主与辅、管理体系的繁与简，创新喊得再响，那也是盲目的、模糊的、衰弱的。在企业界一片创新的喧嚣中，这样的形势分析非常犀利、理性、冷静，是非常难得的！企业做得好坏很大程度上与企业家的"思"有关。

在形势任务中，也可以使用时间构思，来阐述一个"怎么样"的问题。如雷军的演讲《用互联网思维改造传统行业》：

如果你将互联网当作工具用的话，那么我们对互联网的理解还处在表面上。互联网其实是一种全新的思想，它用完全不同的思想来看待业务，看待市场，看待我们的用户……当我想明白之后，我也曾经试图去总结过……互联网思维的最核心就是七个字：专注、极致、口碑、快。

一款手机如果不用上一两个月很难清楚这款手机好还是不好。如果做50款手机，一星期用一款手机，可能你压根儿连手机都没有搞明白。专注这件事其实很重要，传统工业时代大家做了很多种型号，其实这是巨大的浪费。

极致就是做到你能力的极限。消费者认为好产品便宜才是好，企业认为毛利润越高、赚的钱越多越好，我觉得其实两者存在很大的冲突和矛盾。在今天的互联网市场上，你看到的所有核心服务都是免费的，看新闻是免费的，搜索是免费的，邮箱是免费的，通信工具是免费的。当我们今天来做硬件的时候，方法很简单，别人的东西是多少钱我们就卖多少钱，我们自己的工作、我们自己的运营成本不要了，全免费，这是我讲的极致的一个方面……不专注你做不到极致。

互联网的核心是口碑。如果这个东西没有口碑的话，你想忽悠是一点戏也没有的。当然没有过硬的技术和服务你是站不住的。好的产品不一定有口碑，便宜的产品也不一定有口碑，又好又便宜的东西也不一定有口碑，只有超过用户的预期，才能够有口碑。口碑不是我们厂商自己觉得我们的东西又好又便宜，口碑是跟大家的感受相比较的。

在整个互联网时代……是 7×24 小时的快速反应……我听谷歌的一个朋友说，谷歌开年会，全员滑雪，我说服务器怎么办，有没有值守的。他们说没有，他们在雪场里搞了 50 台服务器，现场监控，有什么问题就现场处理。在快速反应的情况下，互联网公司都做得非常好。

在上述形势任务中，雷军讲到的专注、极致、口碑、快等四项内容存在递进的关系，即怎样才能达成互联网思维的问题。

首先，产品面要窄，单一产品最好；其次，因为产品少所以全力投入，相对于对手很容易做到极致；再次，这样的极致不但要超越对手，还要超越客户的预期；最后，因为超预期且能对客户的响应快速反馈，那么基本就锁定了客户的忠诚度。

我们把它进行抽象，就能得出达成互联网思维的四步法（见图 8-5），即聚焦单款产品，倾力投入资源，超越客户预期，迅速反馈响应。

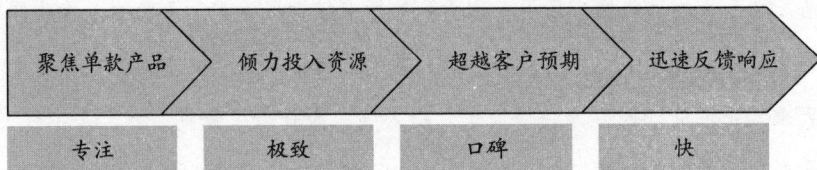

聚焦单款产品	倾力投入资源	超越客户预期	迅速反馈响应
专注	极致	口碑	快

图 8-5　互联网思维四步法

总结报告的鼓励期许，基本会使用空间或时间构思。如果演讲者不是职务较高的领导者，这一环节中不会提出具体的指标要求。如：

面对未来发展机会与挑战并存，弱者看到的是挑战，勇者争得的是机会。去年生产线的创新技术改造，改变了我们以往的成本劣势，提高了价格竞争力。今年的全员技术认证培训，必强化我们企业的整体业务素质，上下同欲，共创未来，我们一定创造出更卓越的业绩表现！

总结报告重点在"结"，对过去所有资讯的总览，都是为结论、结果服务的。演讲者对受众的鼓励期许，常人用语言，高人用结论，因为结论凝聚着思想的精华。

颁奖致辞设计

颁奖致辞是在主题性的颁奖庆典上，对获奖人做出的陈述性、礼节性、评价性的致辞类演讲。颁奖致辞重在挖掘获奖人超乎寻常的精神和卓越的品质，评价力求准确，语言追求优美，以达成对大多数人的教育作用，但最怕写成赞美的诗歌。

颁奖者的颁奖致辞与领导者在颁奖典礼上的致辞不同，前者是针对获奖者来讲的，后者是对典礼活动而言的。我们这里讨论的是前者，它由情感沟通、功绩评价、期许鼓励三部分组成。

颁奖致辞的情感沟通，是通过对获奖者赞扬和鼓励，来拉近其心理的距离，让其感到荣誉的崇高感和被尊重的优越感。具体做法是可以按照礼貌原则①，尽量多地甚至是夸张地赞誉获奖者，既能体现演讲者的礼貌得体，又能向获奖人表达由衷的敬意。

---

① 英国语言学家杰弗里·利奇在《语用学原则》中提出礼貌原则，包括：得体准则、慷慨准则、赞誉准则、谦逊准则、一致准则、同情准则。——编者注

我作为公司的总经理，能够为年度"十大杰出员工"颁奖，是非常自豪的。表彰他们的卓越表现，会激发广大干部、职工向他们学习的热情，会让更多的员工像他们一样，为企业和客户做出突出贡献。

通过颁奖庆典流程，我们可以了解到发表颁奖致辞和颁奖（功绩评价）的时间节点也有所不同。通常的颁奖庆典流程如下：

——领导者在颁奖庆典中致辞（针对庆典活动）

——颁奖者发表颁奖致辞（针对所有获奖人）

——宣读获奖名单，致颁奖辞（针对获奖个人的功绩评价）

——颁奖

——获奖者（个人或代表）发表答谢致辞

我们从颁奖庆典流程中可以看到，在颁奖致辞中，对获奖人的功绩评价体现在两处：一是时间节点靠前的——颁奖者在颁奖前对所有获奖人的致辞；二是时间节点靠后的——对获奖者个人的功绩评价。

时间节点靠前的颁奖致辞可将获奖人的共性特征呈现给大家。如：

每位"十大杰出员工"都是企业的无形"资产"，你们的价值千金难买，万金不换。你们之所以取得如此荣誉，关键在于两个方面：一是谦虚谨慎、严于律己的工作作风；二是攻坚克难、扎实稳定的业务技能。正是因为你们在德能兼备上的优秀表现，带动了更多的员工，为企业创造出更大的成绩，我们欣喜地看到我们的营业收入在持续上升！

时间节点靠后的颁奖致辞（功绩评价），要求表达精练简洁，寥寥数句，可见风采，做到符合其人，符合其位，符合其形迹。

最忌千人一面的评价，公式化的描述很难营造鼓舞激励的氛围，同时也会折损教育他人的效果。以下文为例：

杰出物流配送奖：做事勤奋，说得少做得多，兢兢业业，任劳任怨；

杰出团队管理奖：踏实本分，具有较强责任心，数年如一日努力工作；

杰出成本核算奖：认真刻苦，任劳任怨，具有较强的责任心；

杰出营销创新奖：工作踏实，积极了解客户需要，自觉、自律；

杰出设备维修奖：能出色完成工作任务，具备较好的专业技能；

杰出后勤服务奖：服从安排，上班准时，能积极配合领导完成工作。

从这些颁奖致辞的功绩评价来看，问题有三：

一是从评价内容上看，这些杰出的员工并不怎么突出，很平庸，基本等同于一般群众，并不能看出他们在行动上有什么优秀、先进可言。

二是从评价语言上看，僵化乏味、表述重复，认真、踏实、负责、完成任务等，翻来覆去的几个词儿并不能说明问题。

三是从评价思维上看，不是因为构思能力不足，而是缺少精益求精的精神，"差不多就行"的惰性思想在作怪。

上面的例子是我参加某企业年终颁奖大会时遇到的真实状况。当时我就想，这家企业为什么要搞颁奖大会呢？抽奖环节的激励性都比它强。举办一些不伦不类的庆典，花费一些不明不白的奖金，对一些不上不下的人，发表一些不痛不痒的评价，就别怪被不依不饶地评论了。

还是上述的奖项，换成下面的功绩评价会不会好一些呢？如：

杰出物流配送奖：一种利他的精神就是一种力量，一种不服输的干劲就是力争一流。他脚踩"风火轮"，风雨、寒暑挡不住他配送的脚步；他心装"计算器"，算得出成本，更算得清客户收益。送货上门留下的是货物和微笑，带来的是合同和期许。他不仅获得98%的客户满意率，还为公司节约了交通成本×万元，更推动了公司物流配送业务的可持续发展。

杰出团队管理奖：优秀团队领导人不在于他个人有什么样的能力，而在于他培养出有能力的团队。他是一位实干家，总是把问题消灭在萌芽，他用自身的品格、意志去影响和磨砺团队成员，将排名倒数第二的团队，带到了冠军的领奖台。

杰出成本核算奖：他每天面对的是繁杂的数字和寂寞的报表，财务软件、Access数据库、台式电脑是他忠实的朋友；他降低成本，精打细算，在与友共舞中，核算每一笔支出，分毫冗余都逃不出舞曲的旋律；在借贷平衡中，他的健康却有些失衡。

杰出营销创新奖："创新"总能令人联想起"风险"，然而他却创造了"稳健"，作为一位在营销岗位上已经坚守了八年的"老兵"，他排除万难，敢于攻坚，创下一个月拿下六个新客户的战绩，并第一个让IT公司付了预付款，为自己带来销量翻番的业绩，为公司开拓"新根据地"打下了扎实的基础。

杰出设备维修奖：他技术高超，大胆创新，创造性地用几十元的电器代替上千元的专业防爆电器，并且达到了国家安全标准，便捷性大大提高，为公司节约了×万元，在设备维护维修方面成为学习的典范！

杰出后勤服务奖：每天来到公司最早的是他，每天最后离开公司的也是他。他把同事当成客户，全身心地为内部客户提供后勤保障，商场如战场，打的是后勤，比的是服务，有你在让我们安心，有你在胜利就在。

功绩评价虽不要求详尽地交代获奖人事迹的来龙去脉、细枝末节，但也需要用语言点明精华所在。

颁奖致辞的期许鼓励，只需遵循赞赏、鼓励的一致性原则即可。如：

杰出、杰出，人杰代代出！我们牢记他们昨天的奉献，见证他们今天的付出，希望他们再接再厉，期待他们明天带领更多的员工，共创精彩，同造辉煌。让我们大家起立，鼓掌！向他们致敬！

中国文化核心之一就是礼。所谓礼者，示人以曲也。就是说自己弯曲腰身以显他人之高，即为有礼，敬人即为礼。

颁奖致辞的过程就是敬人的过程，要围绕获奖者（品格、精神）之"高"做文章，而这种敬人之"高"——让大多数听众感知到"高"的颁奖致辞，就是的成功颁奖致辞。

答谢致辞设计

答谢致辞往往是因获得奖项、荣誉、成绩、机会后，由获奖者对评奖者，客人对主人，内部对外部，下级对上级进行的致辞演讲。答谢致辞并非一定要坚守"重在言谢"的惯例，有时最好的感谢是带给现场听众全新的感受和启示。

在这种别开生面的演讲中，往往用时较短，多以即兴发挥、精短凝练的语言表情达意，啰里啰唆让人烦，老话套话讨人厌。如果一个答谢现场有多人获奖，那么就特别要注意不要流于表达模式的僵化和内容的雷同。

近年来，在企业年度客户答谢会或台资企业尾牙聚会上，答谢致辞与总结报告有混搭的趋势，但主体内容还是离不开致谢谦让、收益评价、未来期许三部分。

我们先来看致谢谦让。

每位致辞演讲者都应当根据场合的需求，压缩致谢的名单，千万不可干巴巴地说出一大串需要感谢的人，更不要照本宣科地念，那样真情就淡了。我们应该向罗杰·梅耶学习，他在第 77 届奥斯卡金像奖颁奖典礼上获得了"吉恩·赫肖尔特人道主义奖"，在致谢时只讲了一句：

在这里，我要感谢已经与我结婚52年的老婆。

现场好多人泪崩了。从这句话就能看出与"人道主义奖"很是契合——没有浪费听众的时间。

谦让的表态是必须的，因为演讲者已经得到了奖项、荣誉、成绩、机会，这时谦逊、谦让就是保护自己的最好武器（原理见"竞聘演说设计"）。如：

组委会颁发给我们"最具创新力"的奖项，我深知它凝聚着许多人的心血和汗水。

"新竹高于旧竹枝，全凭老干为扶持。"要没有行业前辈们的大力扶持、鼎力相助，没有广大客户与我们风雨同舟、和衷共济，我们很难获得这样的荣誉。

感恩的心无法用我们的言语来表达，我们要用更大的进步、更新的产品、更好的成绩来回报你们。

谦让不能安常守故，用一味言谢来体现，而要有感而发，通过谦和的姿态、朴实的语言表现出来。以英国女演员蕾切尔·薇兹为例，她在获得第78届奥斯卡金像奖"最佳女配角"后，在答谢致辞中说：

这是一个巨大的荣耀！感谢导演给了我一个这么好的角色，饰演一个很棒的女人。可惜的是，在电影中我饰演的是一个配角，是他（《不朽的园丁》的男主角）的配角，所以他没有和我一齐提名，我很失望。

以朴实的语言，抬高别人，赢得好感的同时，也提升了自己的身价。答谢致辞中的收益评价，应是最有逻辑、最出彩的地方。我们先以空间构思为例：

"最具创新力"的奖项授予了我们企业，可是有人会问：你们的创新力从什么地方来呢？

我认为，创新从政府的产业政策中来，它为我们带来了创新的活力；从企业员工的聪明才智中来，它为我们带来了创新的动力；从竞争对手的快速赶超中来，它为我们带来了创新的挑战力；从客户需求的日益变化中来，它为我们带来了创新的助推力。

有了活力、动力、挑战力、助推力，自然就聚合成创新力。

政府的产业政策、员工的聪明才智、竞争对手的快速赶超、客户需求的日益变化，是呈并列关系（见图8-6）的四项内容。

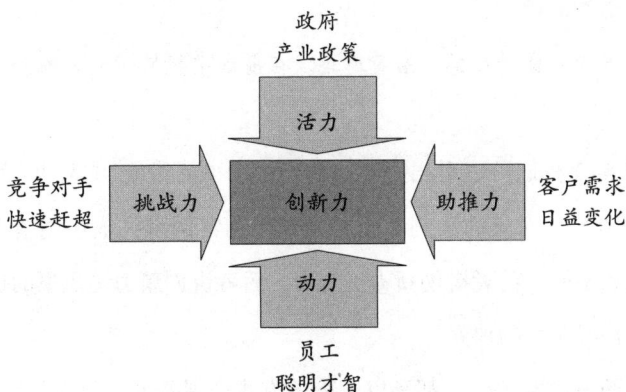

图8-6 并列呈现的空间构思

　　最后给出评价结论：四力聚合成创新力。这里的收益评价概括得很精炼，尤其是创新力是合力的提出，更是画龙点睛之笔。

　　收益评价也可以用时间构思来实现。见图8-7。

图8-7　收益评价的时间构思

　　"最具创新力"的奖项授予了我们企业，可是有人会问：你们的创新力从什么地方来呢？

　　我认为，创新从事前的思考中来，它为我们指明了创新的方向；从事中的实践中来，它为我们确立了创新的目标；从事后的总结中来，它为我们摸索出创新的道路。

　　朝着方向，面对目标，沿着道路，在前进中积累了创新的能力。

　　由图8-7我们可以看出，事前、事中、事后带有明显的时间先后顺序。尽管图8-6对应的案例和图8-7对应的案例都在描述创新力，但二者的侧重点不同。前者讲创新力是合力，后者讲创新力是积累的过程，这就是逻辑构思奇妙的地方。

　　前后两例收益评价，都是以解惑的方式来展开的，较为具体、写实，也可以通过写意的方式，如：

"最具创新力"奖，这沉甸甸的奖杯与其说是一份奖励，不如说是千金难买的一种鞭策。任何奖项对于企业来说，只是一种助推器，不是根本的动力器。当然，助推器也是不可小视的工具。

这就犹如我们在市场的海洋中划船，虽然手中有船桨，但是没有力气，船是无法前进的。

企业的每一个变化，都离不开危机感对企业的"催化"。有危机感就会去创新。没有危机感的企业，是没有前途的。同样，没有危机意识的人，也是一个没有前途的人。

所以，创新在于永远不满足现状，永远使自己处于警醒状态，这样我们才能在市场的大海中划得更快、更远，最终到达成功的彼岸。

这样的收益评价，语言就比较优美，而且运用具象手法，把奖杯比作助推器，把创新比作动力器，更巧妙地回答了创新从哪里来的问题——危机感、不满足现状、让自己处于警醒状态。

与所有致辞类演讲一样，答谢致辞中表达未来期许时，不对具体事项做出承诺，但需要将坚定的态度、热烈的氛围表现出来。如：

在这样一个难忘的时刻，我们牢记你们的重托，不辜负你们昨天的支持、今天的肯定；明天，我们将把企业的创新做得更好！

答谢致辞表现的是感恩、谦让、清醒的态度，体现理性思辨，当我们因成长而获取赞赏、拥有荣誉的时候，就从答谢感恩做起。

新竹高于旧竹枝，全凭老干为扶持。勤奋者天恒酬，感恩者人恒助！

欢迎（送）致辞设计

欢迎（送）致辞是演讲者以主人、领导者的身份，多在公共场合欢迎到职、来访（欢送离职、惜别）时所做的演讲致辞。通常由情感沟通、形势评价、未来期许三部分组成，通篇致辞多以空间构思为主。

这类致辞往往要表达出相会或离别的缘由及意义，顾及演讲者与受欢迎（送）对象的关系，而且要有利于今后双方关系的发展。欢迎（送）致辞往往短小精悍、言简意赅，多以 3-5 分钟的长度为主，很少有超过 10 分钟的演讲。但是简短并不意味着省略，而是要切合场合话题、受众对象，达到言简意赅的效果。

情感沟通这部分，多以文雅的语言和多样的修辞手法，借助鲜活、具体、鲜明的表述，为听众展示一幅幅生动的画面。

我们以李世华在欢送离退休老教师座谈会上的致辞为例。

曾记得有这样一句话：童年是一幅画，少年是一个梦，青年是一首诗，中年是一篇散文，老年是一部哲学。祝贺几位离退休的老教师步入哲学家的行列，向你们表示真诚的敬意！

采用引言导入，同时运用哲理般的类比，一下子将致敬的内容升华起来，引起听众的兴趣。当然采用朴实的情感沟通式导入也是可以的，但要保证情真意切。如：

我代表西迪公司全体员工，热烈欢迎新同事的到来。你们的加盟为西迪公司添人进口，带来了新的希望，无论是对一个家庭，还是对一个组织来说，都是一件值得高兴的事，它意味着西迪的事业兴旺，后继有人。

这是一个可以代表全体员工的企业高管的欢迎致辞，这种表态对于企业来讲是非常重要的。新员工通过前期的招聘面试，对企业的办公条件、薪酬体系有了初步的了解，犹豫不定、试试看的心理还普遍存在。也许你情真意切的欢迎致辞，就会成为他们坚定地留下来的理由。

如果是友好团队来访，那么欢迎致辞中的形势评价可以是对组织当前情况的介绍，通常使用空间构思。

欢迎（送）致辞中的形势评价可以不像竞聘、就职演说中那样严谨，它比较注重以情感人，给人愉悦感，以交流感情、达成共鸣为目的。如李世华的欢送致辞：

教师的加法是增加栋梁，教师的减法是减少荒凉，我们学校教育事业的发展，渗透了你们的汗水，离不开你们的辛勤奉献。我们一定不辜负你们的期望，在上级领导的带领下，再创好成绩。

学校是我们共同工作、学习的地方，你们既是我的同事，又是我的长辈，更是我的老师。从你们身上，我学到了"衣带渐宽终不悔，为伊消得人憔悴"的敬业精神，学到了真诚、相互尊重的待人哲理，学到了一丝不苟的工作作风。我为能够同你们共事感到荣幸。感谢你们多年来对我的关心、鼓励。

运用空间构思，分享两方面的内容——离退休老教师为教育事业做出了贡献，为岗位上的后辈做出了示范。

为了加深受众对象的印象，许多演讲者在本环节中会大量地运用哲理元素加以演绎，如徐斌的《我们的集合体》：

当你们即将走向新岗位的时刻，我又想起我们共同走过的 1000 多个日夜，可以用"＋－×÷"来表示。"＋"是增加了市场的份额，"－"是减少了工作的误解，"×"是成了职场的知己，"÷"是除去了隔阂。

......

在这鲜花绽放离愁别绪，绿叶婆娑挥手告别的时刻，希望你们记住四个字：点、线、面、体。"点"就是认真做好每项工作，踏实走好每一步，保持金子般的职业品质，留下闪光的亮点；"线"就是确定一个新目标，矢志不移地前行，恰如一条执着的射线；"面"就是有创新的精神，有自己独立的行动，就像一面独一无二的精美的图画；"体"就是有强健的身体，有旺盛的体能，构建起支撑宏伟目标的职业立方体……

当富贵华丽的诗文让受众对象感到麻大、迟钝的时候，就是总结概括的逻辑大显身手的地方。上面的范文中无论是对曾经的"＋－×÷"，还是对未来的"点、线、面、体"，都总结概括得极为精练，让人难忘。同时，表达的逻辑性也让人难忘。

形势评价不是华丽辞藻的堆砌，而是逻辑的生动展示。

如果欢迎致辞的演讲者是组织的领导，受众对象是其下属的话，那么可以在形势评价的环节中，聚焦岗位的认知，提出一些要求。如：

西迪公司的成就，取决于每一位西迪人的进步和成长。正确的态度和方法是个人进步的保证。企业会为每一位新员工提供培训的机会，但是往往相同的培训会有不同的成长，自觉的学习显得尤为重要，它是弥补员工之间成长差异的法宝。要好好努力使自己的兴趣和工作结合起来，快乐地工作，体会到工作的喜悦和满足，这样你的职业生涯才会是丰富多彩的。

最后，如果在未来期许的环节表达祝愿，则可采用空间构思。如李世华的欢迎致辞：

我想，"采菊东篱下，悠然见南山"的意境，不该被陶渊明独享。祝各位离退休老前辈身体健康，心情愉快，福如东海，寿比南山，漫步人生夕阳红。

这样收结干脆利落，富有诗情画意，有意象，有风景，让人品味，让人沉湎。

当然，采用时间构思的未来期许也偶尔会出现在演讲致辞中，如徐斌的《我们的集合体》：

同志们，我看到你们已豪情涌动，我能感受到你们每个人心中荡漾着的依依惜别之情。毕竟昨天我们相知于沙场，今天我们相别在职场，明天我们会相逢在新的市场上……

综上所述，欢迎（送）致辞与酒（宴）会致辞相比，演讲者的主人身份特点明显，但在把握热情友好的主基调，以及激情导入、理性思辨延展的前提下，在对行为做出期许方面两者较为相似。

采访提问设计

新闻采访不同于一般的演讲稿设计，这类演讲的对象是一个特殊的群体——媒体记者。

记者是媒体组织的从业者，也要为生活奔波。有时候版面留下来了，就等新闻记者的"米"下锅了，如果受访者拒绝采访，用"无可奉告"来搪塞，关上记者采访的"门"，那么就会逼他打开另一扇让受访者防不胜防的"窗"。

对此，采访提问设计，要建立在帮助记者顺利地完成采访任务的基础上。一般来讲，新闻采访中的记者更关心以下 12 个方面的内容（见图 8-8）：

人：何人。姓名要清楚。

时：何时。准确的时间、日期，甚至精确到分。

地：何地。

事：发生了什么事件。不说假话，真话不全说。

因：什么原因造成的。没有定论的情况下，可给出多种可能。

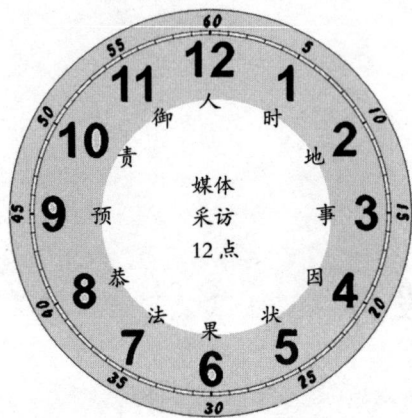

图 8-8　媒体采访的 12 个方面的内容

状：现在状况如何。正面阐述，少重复负面内容。

果：产生什么后果。不推断，不预测。

法：已经采取了什么措施。

恭：组织的态度怎样。别做冷血动物，态度比事实更重要。

预：下一步做什么。别用口号代替措施、方案。

责：谁将为此负责。勇于担责，改变记者对采访人的看法。

御：如何防止、避免此类事件的再次发生。

危机事件下的采访应对设计

日常新闻采访应对要兼顾到协助记者完成采访任务。与之不同的是，危机事件下的采访应对重在话语权的争夺，作为演讲者、发言人在采访中永远不能让出话语权，特别是在这个自媒体无限发达的时代。

遇到危机时，你无法改变事实，但是可以改变公众对你的看法。在力量强弱悬殊的博弈中，在错误与正确的对比中，媒体总是倾向于弱者，所以要向记者适度示弱，越示弱则越强大。

媒体记者在发生危机事件时，提出的问题往往比较尖锐。这就要求受访者以维护公众（非己方）的利益为出发点，把人性化放在首位，时刻表达同情和关心，让公众感受到你的关心。

但是，在状况不明的情况下，受访者该怎么接受采访呢？

其实还是有很多事要做——让受访者的声音出现，这本身就非常重要。具体做法是：第一时间出来接受采访阐明情况，弄清楚多少说多少，可以没有结论，但是一定要有态度，填补信息真空，才能让抢夺话语权的高地成为可能。

事件发生与公众获知内情在时间上总是会有延迟。在报纸为主流的时代延迟时间为 24 小时，在电视时代延迟时间为 4 小时，在互联网时代延迟时间为 40 分钟。在微信时代到来时，延迟时间仅剩 4 分钟了。在危机事件下的采访中，受访者可以先将大量信息塞给媒体记者，不给记者们自由发挥的空间，根据事件的进展，持续滚动发布新情况，不求全，只求快，但必须准，最怕过了延迟时间还没有信息发布，这会导致发布者权威地位不保。

不要愚蠢地认为内情是可以隐瞒的，危机事件的内情不会因被隐瞒而消失。不要关闭记者的采访之门，那样只会迫使他们从院外"翻墙"而入。消息封锁得越紧，人们的兴趣越高涨，那样会更难收场。

谎言和谣言最终是干扰不了真相的，在时间上谎言总会被揭穿，在空间上谣言会止于透明公开。有时候为表示诚意，甚至需要自曝危机以示坦诚。

当然，在接受采访时受访者也可以通过记者获取媒体服务。比如，及时发布哪怕一丁点儿的好消息，让人们忘记负面消息的最好办法，就是让一条正面消息迅速传播；还可以积极寻找第三方联盟，让第三方通过媒体发声，有利于化解危机[1]。但千万别把钱当成第三方，谈论具体的措施比谈钱更有说服力。

危机事件下的新闻采访应对与其他演讲稿的不同之处就在于周期长、节点多。化整为零是最常用的方法，把原因、事实、结论切分为若干环节、步骤，每隔一两天、两三天渐次发布，牢牢把握核心观点避免用专业术语、缩略语，尽可能地使用数字说明问题，当然也不要说得过细，否则

---

[1] 中国人民大学《中国危机管理报告》，化解危机重要性指数（最高指数为 100）排序：政府部门 65，媒体 57，公众代表 40，专家学者 37，咨询及公关公司 35.6，领导与员工 35.4，行业协会 28.3，其他 0.34。

必须逐一证实。演讲过程中要慎讲原因谨慎定性，少讲过程多讲结果，少纠缠责任多谈行动。这样既可以增加持久影响力和可信性，又可以在媒体中释放出积极的有建设性的信息。

需要注意的是，回答问题的内容应该更短小精炼。美国学者认为要遵循"396"原则，即最好的采访回答是用300个单词（相当于中文的140字，一条微博的长度足矣）；用时90秒钟（这样的语速有利于演讲者思考，否则语速越快、讲得越多，可能言多有失）；正如聂晓阳在《态度比事实更重要》中所说"用小学6年级的学生能理解的语言，来进行通俗易懂的回答。"

不回避暂时无法回答的问题。记者的问题是躲不过的，与其回避不如面对。

在某年的中国企业领袖年会上，某知名家电企业的领导者对小米和美的猛烈"开火"——嘲讽小米在印度因专利问题产品被禁；对于小米、美的公司的战略合作，更是直接斥为"两个骗子在一起了，成小偷集团了"！处于风口浪尖的雷军，无法回避记者有针对性的采访。

问："……您有敌人吗？"

记者的问题是在暗示，某知名家电企业的领导者对小米的指责是有敌意的，面对敌意你将如何面对？

雷："心中无敌，便无敌于天下。"

没正面回答有无敌人，而是通过记者对有敌意的人隔空喊话：以我为敌是不敌。

雷："我们希望朋友越多越好，敌人越少越好。所以，在这样一个宗旨下，小米过去从零开始，就提出克制贪婪，尽量做少的事情，专注自己的核心业务，因为我们业务比较复杂，有时候大家不太看得懂。"

用自己克制贪婪，反击别人不应为了赢赌注而口无遮拦，并大度地把别人的敌意解读为对自己的误解，赢得公众的好感。

雷："我们投（资）了优酷、爱奇艺，今天和美的建立战略合作伙伴关系，也是为了和美的一起打造智能家居的整个产业链，因为美的在电子消费领域非常强大，小米跟美的合作能够推进自己的智能家居的战略。所以，我刚才讲的全部的内容就是小米愿意敞开心扉跟更多的企业一起合作，尤其是在我们这几个领域的传统企业，因为很多人都在讲互联网转型。"

这段话回应了小米入股美的的消息，但回避了"小偷集团"的话题，不能说和其他企业合作就是"骗子"的合作吧？

问："您刚才讲到投资了美的，我们知道您和 D 总打过一个赌，对方最大的竞争对手是美的，您现在投资了美的，是不是通过这个投资帮助美的打败 D 总？"

雷："我们推崇的合作一直是不站队，不控制，不排他，其实是一种开放式的合作态度。"

你问你的，我答我的，既回应了记者的提问，又回避了强加于人的"敌人""骗子""小偷集团"的质疑，同时不因自己受指责就评论、攻击对方。

在采访中，如果涉及选择性提问，要从两个及以上的选项中选择时，无论选择哪个选项回答，都可能引发争议。如：

问："作为食品加工企业，未来还会不会继续发生因原材料污染，致使消费者食物中毒的事件？"

非此即彼的回答，会让受访者陷入两难：答"会"，就可能成为危机事件后续的新闻点；答"不会"，就断了自己的后路，一旦再出现类似事件，受访者的权威和可信度就可能归零。

答："只要发生一起，我们就会依照国家法律、企业制度坚决查处，绝不姑息。"

这样的回答就没有被问题牵着走，采访时受访者表达的不是个人意见，而是用嘴说出代表机构的话。

在采访中，受访者不推断，不预测，不回答任何"假设性"提问，不讨论所谓"最坏的情况""可能的前提"，坚持以自己已知事实为依据。

谨慎接受电话采访，因为受访者不清楚要面对的是什么样的采访群体。如果必须这样做，应先让媒体记者提供采访提纲，确定提问范围，在采访时要全程录音，避免被"断章取义"后没有解释的余地。采访中不要陷入沉默，就算不能对具体问题提供相关信息，也要充分表现出与媒体记者合作的态度，这样更容易被记者们所接受。

假如遭到媒体记者的不实报道，就算"躺枪"也不要评论和攻击他人，更别把大火引向邻居，否则受访者以后的日子也不会太好过。

综上所述，危机事件下的新闻采访应对设计的要领为：

危机采访，争权为先；

先声解困，假瞒难编；

正能代负，引入旁观；

问答二术，有重有偏；

来电采访，录音保全；

躺枪含冤，容忍世间。